Delphine Minoui est grand reporter au *Figaro*, spécialiste du Moyen-Orient. Prix Albert-Londres 2006 pour ses reportages en Iran et en Irak, elle sillonne le monde arabo-musulman depuis vingt ans. Après Téhéran, Beyrouth et Le Caire, elle vit aujourd'hui à Istanbul, où elle continue à suivre de près l'actualité syrienne. Elle est également l'auteur des *Pintades à Téhéran*, de *Moi, Nojoud, dix ans, divorcée*, de *Tripoliwood* et de *Je vous écris de Téhéran*.

DU MÊME AUTEUR

Jeunesse d'Iran
Les voix du changement
(sous la direction de)
Autrement, 2001

Les Pintades à Téhéran
Chroniques de la vie des Iraniennes
Jacob-Duvernet, 2007

Moi Nojoud, 10 ans, divorcée
(avec Nojoud Ali)
Michel Lafon, 2009
et « J'ai lu », n° P9063

Tripoliwood
Grasset, 2011

Je vous écris de Téhéran
Seuil, 2015
et « Points », n° P4299

Delphine Minoui

LES PASSEURS DE LIVRES DE DARAYA

Une bibliothèque secrète en Syrie

Éditions du Seuil

TEXTE INTÉGRAL

ISBN 978-2-7578-7185-0
(ISBN 978-2-02-136302-9, 1re publication)

© Éditions du Seuil, 2017

Le Code de la propriété intellectuelle interdit les copies ou reproductions destinées à une utilisation collective. Toute représentation ou reproduction intégrale ou partielle faite par quelque procédé que ce soit, sans le consentement de l'auteur ou de ses ayants cause, est illicite et constitue une contrefaçon sanctionnée par les articles L. 335-2 et suivants du Code de la propriété intellectuelle.

Aux insoumis de Daraya

« Il n'existe pas de prison qui puisse enfermer la parole libre. Il n'existe pas de blocus assez solide pour empêcher l'information de circuler. »

Extrait du discours du dissident syrien Mazen Darwich, prononcé le 23 avril 2016 au World Press Photo, après sa libération des geôles syriennes.

Prologue

Istanbul, 15 octobre 2015.

L'image est singulière. Un cliché énigmatique, sans trace de sang ni de balles, échappé de l'enfer syrien. Deux hommes de profil, entourés de murs de livres. Le premier se penche sur un ouvrage, ouvert en son milieu. Le second sonde des yeux une étagère. Ils sont jeunes, la vingtaine, veston de sport jeté sur les épaules pour l'un d'eux, une casquette vissée sur la tête pour l'autre. Dans ce huis clos sans fenêtre, la lumière artificielle qui balaie leur visage accentue l'incongruité de la scène. Comme une fragile respiration dans les interstices de la guerre.

Ce cliché m'interpelle. Je l'ai découvert par hasard sur Facebook, à la page de « Humans of Syria », un collectif de jeunes photographes syriens. Je lis la légende : elle évoque une bibliothèque secrète au cœur de Daraya. Je répète à voix haute : une bibliothèque secrète à Da-ra-ya. Les trois syllabes s'entrechoquent. Daraya, la rebelle. Daraya, l'assiégée. Daraya, l'affamée. J'ai tellement lu, écrit aussi, sur cette banlieue rebelle de Damas, un des berceaux du soulèvement pacifique de 2011, encerclée et bombardée depuis 2012 par les forces de Bachar al-Assad. L'idée que ces jeunes soient là, à bouquiner sous les bombes, dans les sous-sols de cette cité embastillée, attise ma curiosité.

Quelle histoire cache cette photo ? À quoi ressemble son verso ? A-t-elle un contrechamp ? L'image me hante, elle m'attire comme un aimant vers cette Syrie impraticable, devenue trop dangereuse à arpenter. De courriels en appels passés sur Skype et WhatsApp, je finis par retrouver la trace d'Ahmad Moudjahed, son auteur. Ahmad est l'un des cofondateurs de cette agora souterraine. À travers les mailles d'une mauvaise connexion internet, unique lucarne sur le monde extérieur, il me raconte sa ville dévastée, les maisons en ruine, le feu et la poussière, et dans tout ce fracas les milliers d'ouvrages sauvés des décombres et rassemblés dans ce refuge de papier auquel tous les habitants ont accès. Des heures durant, il évoque en détail ce projet de sauvetage du patrimoine culturel, né sur les cendres d'une cité insoumise. Puis il me parle des bombardements incessants. Des ventres qui se vident. Des soupes de feuilles pour conjurer la faim. Et de toutes ces lectures effrénées pour se nourrir l'esprit. Face aux bombes, la bibliothèque est leur forteresse dérobée. Les livres, leurs armes d'instruction massive.

Son récit est captivant. Il frémit de cet hymne à la paix que le raïs de Damas s'obstine à étouffer. Il est cette partition souterraine que les djihadistes de Daech veulent éradiquer. Cette troisième voix, accouchée des haut-parleurs des manifestations pacifiques du début de la révolte anti-régime que le conflit d'aujourd'hui menace de gommer à tout jamais. Un journal intime de leur révolution qui me murmure d'en rédiger les pages.

Mais l'entreprise est périlleuse. Comment raconter ce qu'on ne voit pas, ce qu'on ne vit pas ? Comment ne pas tomber dans le travers de la désinformation, dont Assad est loin d'avoir le monopole ? Au-delà des ouvrages qu'ils feuillettent, quel projet politique ces jeunes portent-ils ? Sont-ils des soldats de l'islam, comme le régime veut nous en convaincre ? Ou de simples militants qui refusent la soumission ? D'Istanbul, je calcule la distance qui me sépare de Daraya : mille cinq cents kilomètres. D'Istanbul, j'étudie les mille et un moyens d'y accéder. En vain. Depuis un dernier voyage à Damas en 2010, lorsque j'habitais Beyrouth, je n'ai jamais décroché de visa de presse pour la capitale syrienne. Et, si j'y parvenais, comment accéder à sa banlieue assiégée ? En cet automne 2015, même les Nations unies ont échoué à y acheminer la moindre aide humanitaire. Existe-t-il un tunnel, un chemin de traverse, un sentier clandestin ? Au bout du fil, Ahmad me confirme que tous les accès sont bouchés. Reste la brèche de Moadamiya, sa voisine, empruntée par les plus téméraires. Mais la traversée se fait de nuit, sous la menace des snipers et des obus.

Faut-il pour autant enterrer cette histoire à cause d'un rideau de fer imposé par la force ? Se contenter d'être les témoins impuissants d'une barbarie sans pareil qui se déroule en direct sur nos téléviseurs ?

Ouvrir les yeux sur une ville qui se donne à voir à travers un écran d'ordinateur, c'est prendre le risque d'écorcher la réalité. Fermer les yeux, c'est la condamner au silence. Bachar al-Assad a voulu mettre Daraya entre parenthèses, l'enfermer entre crochets. J'aimerais lui ouvrir les guillemets. Faire défiler d'autres images que ce premier cliché. S'il faut se contenter de dessiner la silhouette d'une ville interdite, je suis prête à prendre le risque de tracer ces lignes imparfaites. Quand toutes les portes se ferment à double tour, ne reste-t-il pas, justement, les mots pour raconter ?

Écrire, c'est recoller des bouts de vérité pour faire entendre l'absurdité.

Quelques jours plus tard, je rappelle Ahmad pour lui faire part de mon dessein, anxieuse de connaître sa réponse.

Au bout de la ligne Skype, il y a d'abord un long silence.

Je répète ma question :

– J'aimerais écrire un livre sur la bibliothèque de Daraya.

Soudain, un brouhaha métallique envahit la ligne. Ce projet doit lui paraître bien dérisoire dans cette nuit de menace et d'effroi qui se répète à l'infini. Une fois passée la tempête d'acier, sa voix refait surface :

– *Ahlan wa sahlan !* (Bienvenue !)

À sa phrase, empreinte d'enthousiasme, je souris derrière l'écran. Ahmad sera mon guide. Je serai son oreille attentive.

Et je lui fais une promesse : qu'un jour, ce livre, le leur, rejoindra les autres volumes de la bibliothèque.

Il sera la mémoire vivante de Daraya.

Ahmad, c'est d'abord une voix lointaine. Un fragile chant d'espoir échappé des profondeurs de l'obscur. Quand je le contacte pour la première fois par Skype, le 15 octobre 2015, cela fait presque trois ans qu'il n'est pas sorti de Daraya. À sept kilomètres de Damas, encerclée et affamée par le régime, sa ville est un sarcophage. Ahmad est un des douze mille derniers survivants. Au début, je peine à décrypter ses paroles. Il marmonne des mots timides, fébriles, hachés par le crépitement omniprésent des explosions. Entre deux détonations, je m'accroche à son visage. Derrière l'écran de l'ordinateur, il apparaît, puis disparaît au gré des caprices d'une connexion internet bricolée grâce à de petits satellites récupérés au début de la révolution.

Son image s'étire, se déforme à la façon d'un portrait de Picasso : des joues rondes qui s'inclinent à l'oblique sous ses lunettes aux montures noires, avant de se fracturer en mille et un éclats cubiques pour se perdre sous un épais rideau noir. Quand les pixels s'emboîtent à nouveau, je lis sur ses lèvres. Et je tends l'oreille en mordillant mon crayon.

Il se présente. Ahmad, 23 ans, enfant de Daraya, issu d'une famille de huit rejetons. Avant la révolution, il étudiait le génie civil à l'université de Damas. Avant la révolution, il aimait le football, les films, et la compagnie des plantes dans la pépinière familiale. Avant la révolution, il rêvait de journalisme. Son père l'en avait vite dissuadé après avoir connu douze mois de prison pour un simple commentaire glissé à l'oreille d'un ami. « Insulte au pouvoir », avait tranché le tribunal. C'était en 2003. Ahmad avait 11 ans. Un souvenir sombre, blotti au fond de son cœur.

Et puis, il y eut la révolution. Quand la Syrie se réveille, en mars 2011, Ahmad a 19 ans, l'âge rebelle. Le paternel, encore traumatisé, lui interdit de descendre dans la rue. Ahmad rate la première manifestation de Daraya, mais file en douce à la deuxième. Au milieu de la foule, il chante à pleins poumons : « Le peuple et la Syrie ne font qu'un. » Dans sa poitrine de révolutionnaire en herbe, quelque chose se déchire, comme une feuille de papier. Son premier frisson de liberté.

Les semaines et les mois s'enchaînent. Les manifestations aussi. Dans les transistors, la voix de Bachar al-Assad est menaçante. « Nous gagnerons. Nous ne céderons pas. Nous éradiquerons les contestataires. » Les forces du régime tirent sur la foule. Les premières balles sifflent. Mais Ahmad et ses copains chantent de plus belle, « Liberté ! Liberté ! », tandis que d'autres révoltés passent aux armes pour se protéger. Ne pouvant tous les jeter en prison, le raïs de Damas finit par mettre leur ville sous les verrous. C'est le 8 novembre 2012. Comme tant d'autres, la famille d'Ahmad plie bagage, elle migre vers une ville voisine, et le supplie de la suivre. Il refuse : c'est sa révolution, celle de sa génération. Sous les bombes, Ahmad s'équipe d'une caméra et réalise enfin son rêve d'enfant : raconter la vérité. Il rejoint le centre de presse du nouveau conseil local de la ville. La journée, il sillonne les rues dévastées de Daraya, il filme les maisons en charpie, les hôpitaux saturés de blessés, les enterrements des victimes, les moindres traces de cette guerre invisible, inaccessible aux médias étrangers. Le soir, il télécharge ses vidéos sur le Net.

Une année s'écoule, sclérosée par la violence, entre espoir et incertitude. Un jour de la fin 2013, ses amis l'appellent en renfort. Sous les ruines d'une maison pulvérisée, ils ont trouvé des livres qu'ils veulent absolument exhumer.

– Des livres ? répète-t-il étonné.

Au cœur de la guerre, l'idée lui paraît saugrenue. À quoi bon sauver des livres quand on n'arrive pas à sauver des vies ? Il n'a jamais été grand lecteur. Pour lui, les livres ont le goût du mensonge et de la propagande. Pour lui, les livres, c'est ce portrait d'Assad et son cou de girafe qui le narguait dans ses cahiers d'écolier. D'un pas hésitant, il se résigne à les suivre à travers la muraille entaillée. La porte d'entrée a été arrachée par une explosion. La bâtisse défigurée appartient au directeur d'une école qui a fui la ville en laissant tout derrière lui. Prudent, Ahmad avance à tâtons jusqu'au salon. Seul un filet de lumière éclaire l'espace. Le parquet est tapissé d'ouvrages, éparpillés au milieu des gravats. D'un geste lent, il s'agenouille au sol, en cueille un au hasard. Sur la couverture, noire de poussière, ses ongles crissent, comme le son d'un instrument de musique. Le titre est en anglais, ça parle de connaissance de soi, un ouvrage de psychologie sans doute. Ahmad tourne la première page, déchiffre les quelques mots familiers de cette langue étrangère qu'il parle mal. Qu'importe le sujet, en fait. Il tremble. Tout en lui se met à vaciller. Cette sensation troublante d'ouvrir la porte du savoir. De s'échapper, un instant, de la routine du conflit. De sauver un petit bout, même infime, des archives du pays. De se faufiler à travers les pages comme on fuit vers l'inconnu.

Ahmad se relève lentement, l'ouvrage contre la poitrine. Cette fois, c'est tout son corps qui frissonne.

– Le même frisson de liberté que lors de ma première manifestation, souffle-t-il derrière l'écran.

Ahmad s'est interrompu. Son visage est de nouveau un patchwork de pixels. Une détonation a cisaillé la connexion internet. Je fixe l'écran, devine un soupir. Après une grande inspiration, il reprend sa narration, dressant l'inventaire des autres volumes, retrouvés ce jour-là sous les gravats : littérature arabe et étrangère, philosophie, théologie, science. Un océan de connaissance à portée de main.

– Mais il fallait faire vite, poursuit-il. Dehors, les avions grondaient. Dans l'urgence, nous avons déterré les ouvrages et rempli à ras bord le coffre d'un pick-up.

Les jours suivants, la collecte se poursuit à travers ruines. Dans les maisons abandonnées, dans les bureaux dévastés, dans les mosquées défigurées. Ahmad y prend rapidement goût. À chaque nouvelle chasse aux livres, il savoure cet infini plaisir à dénicher des feuilles abandonnées, à faire revivre les mots ensevelis sous les décombres. La fouille se pratique à mains nues, parfois à l'aide de pelles. En tout, ils sont une quarantaine de bénévoles, activistes, étudiants, rebelles, à guetter chaque minute le silence des avions pour aller creuser sous les gravats. En une semaine, ils sauvent six mille ouvrages. Un exploit ! Un mois plus tard, la récolte atteint les quinze mille exemplaires. Des petits, des grands, des cabossés, des écornés, des illisibles, des très rares, des très recherchés. Il faut désormais trouver un lieu pour les stocker. Les protéger. Préserver cette

petite miette du patrimoine syrien avant qu'il ne parte en fumée. Après une concertation générale, un projet de bibliothèque publique voit le jour. Sous Assad, Daraya n'en a jamais eu. Ce serait donc la première. « Le symbole d'une ville insoumise, où l'on bâtit quelque chose quand tout s'effondre autour de nous », précise Ahmad. Il s'interrompt, pensif, avant de prononcer cette phrase que je n'oublierai jamais :
– Notre révolution s'est faite pour construire, pas pour détruire.

Par crainte de représailles, ce musée de papier serait maintenu au plus grand secret. Il n'aurait ni nom ni enseigne. Un espace souterrain, à l'abri des radars et des obus, où se retrouveraient petits et grands lecteurs. La lecture comme refuge. Une page ouverte sur le monde lorsque toutes les portes sont cadenassées.

À l'issue d'une quête effrénée, la bande de copains finit par dénicher le sous-sol d'un immeuble. Orpheline de ses habitants, la bâtisse se trouve à la lisière de la ligne de front, non loin des snipers, mais largement épargnée par les tirs de roquettes. À la hâte, des planches de bois sont taillées. Des coups de pinceaux passés sur les murs. Deux, trois canapés rassemblés. Dehors, quelques sacs de sable empilés devant les fenêtres, et un groupe électrogène pour pallier l'absence d'électricité. Des jours durant, les passeurs de livres s'emploient à dépoussiérer, recoller, trier, répertorier, ranger tous ces vestiges de papier. Classés par thème et par ordre alphabétique sur les rayons des étagères pleines à craquer, les ouvrages retrouvent enfin leur parfait ordonnancement d'origine.

Avant l'inauguration restait une dernière tâche à remplir : numéroter minutieusement chaque recueil et y apposer le nom de son propriétaire sur la première page.

– Nous ne sommes pas des voleurs, encore moins des pilleurs. Ces livres appartiennent aux habitants de Daraya. Certains sont morts. D'autres sont partis, d'autres encore ont été arrêtés. Notre but, c'est que chacun puisse récupérer ce qui lui appartient une fois la guerre terminée, insiste Ahmad.

À ses mots, j'ai posé mon crayon. Impressionnée par son civisme. Muette face à un tel sens du respect de l'autre. Des autres. Nuit et jour, ces jeunes côtoient la mort. La plupart d'entre eux ont tout perdu : leur demeure, leurs amis, leurs parents. Au milieu du fracas, ils s'accrochent aux livres comme on s'accroche à la vie. Avec l'espoir de meilleurs lendemains. Portés par leur soif de culture, ils sont les discrets artisans d'un idéal démocratique. Un idéal en gestation, qui brave la tyrannie du régime. Qui défie, aussi, la brutalité des soldats au drapeau noir, destructeurs d'antiquités à Palmyre, auteurs du terrible incendie de la bibliothèque de Mossoul, en Irak, début 2015. Des mercenaires de la paix face à la destruction prédatrice.

Une explosion déchire de nouveau la conversation. Imperturbable, Ahmad reprend son récit. Il me raconte que, le jour de l'ouverture, la fête était à l'économie. Ni jus de fruits ni guirlandes. Seuls quelques amis réunis pour l'occasion. Et surtout, oui surtout, ce picotement qui chatouille à nouveau la poitrine, comme au premier slogan. Très vite, la bibliothèque devient l'un des piliers de la ville enclavée. Ouverte de 9 heures à 17 heures, à l'exception du vendredi, jour chômé, elle accueille une moyenne quotidienne de vingt-cinq lecteurs. Des hommes, essentiellement. À Daraya, précise-t-il, les femmes et les enfants sont peu visibles et ne sortent que très rarement de chez eux. En général, ils se contentent de lire à la maison les ouvrages rapportés par les pères et les maris, par crainte des bombes barils qui pleuvent du ciel.

– Le mois dernier, il en est tombé environ six cents sur la ville, dit Ahmad.

Son ami Abou el-Ezz, codirecteur de la bibliothèque, en a fait les frais. En septembre 2015, il était en route vers la cave à livres quand un baril d'explosifs largué depuis un hélicoptère lui a coupé la route. Ces containers chargés de TNT et de grenaille ont un impact particulièrement destructeur car leur frappe n'est pas précise. Touché au cou par des éclats de shrapnel qui ont atteint son système nerveux, Abou el-Ezz souffre de crampes qui le lancent jusqu'au bas du dos. Depuis, il est au repos forcé, alité dans une clinique de fortune. À Daraya, la vie est aussi fragile qu'une feuille de papier.

Nouveau roulement de tambours. L'écho des déflagrations. Ahmad reprend la parole. Cette fois-ci, il me signale qu'il doit mettre un terme à la discussion. Nous l'ignorons encore mais, des conversations comme celle-ci, il y en aurait tant d'autres. Et des bien plus longues. Dans cette Syrie déchirée, où les liens virtuels ont remplacé les relations physiques, il est banal de passer des soirées entières à discuter sur internet. Pour l'instant, il me tarde de visualiser ce lieu atypique. De mettre de la couleur sur les murs. Un visage sur les lecteurs. Un titre sur tous ces ouvrages sauvés du chaos.

Une vidéo envoyée par Ahmad s'affiche sur ma messagerie WhatsApp. Avec Skype et Facebook, c'est le moyen de communication favori des Syriens. Le petit film en question dure deux minutes, sans commentaire ni sous-titre. Je dévore ces nouvelles images qui défilent sur mon smartphone. Les voilà, ces jeunes de Daraya. Les voilà, avec leurs sweat-shirts et leurs baskets. Les voilà zigzaguant dans les gravats, des piles de livres dans les bras.

Derrière eux, un décor de désolation. Immeubles éventrés. Tôle arrachée. Murs lacérés. Collines de béton reconquises par les herbes folles. Et ce sourire sur les visages, petite victoire face au chaos, à chaque fois qu'ils déterrent de nouveaux trésors de papier. Les voilà encore à empiler les ouvrages dans le coffre d'une camionnette. Puis, sans transition, l'image bascule à l'intérieur de la bibliothèque. La caméra balaie les étagères toute neuves, elle caresse les kilomètres de reliures de mots qui y sont rassemblées. Au milieu de la pièce, quelques lecteurs bouquinent autour d'une table. Le visage plongé dans d'épais volumes. Un carnet à portée de main. Daraya à livre ouvert.

Captivée par les images, je ne remarque pas tout de suite la musique qui les accompagne. Je redémarre la séquence, pour prendre note du moindre détail. Cette fois, je suis interpellée par une mélodie douce et nostalgique. Un tempo familier. Je tends l'oreille, j'hésite. Une minute passe. Quel est cet air mystérieux qui me parle ? Soudain, je reconnais les notes de Yann Tiersen, celles du *Fabuleux destin d'Amélie Poulain.* Le film culte français, celui de ma jeunesse, que nous avons tous regardé encore et encore. Dans un texto, Ahmad me fait une confidence : fan d'Audrey Tautou, il a visionné ce film des dizaines de fois. C'est un peu son mantra, dans l'obscurité persistante de Daraya.

Si loin, si proches. Et la guerre entre nous.

Istanbul, 20 octobre 2015. Sur l'ordinateur, le logo de Skype palpite et les sonneries s'enchaînent. Puis le portrait d'Ahmad apparaît. Il a une « bonne nouvelle » à m'annoncer : Abou el-Ezz, le directeur de la bibliothèque de Daraya, est à ses côtés. Il va mieux. Après des semaines de convalescence, c'est la première fois qu'il quitte son lit d'hôpital. Notre rendez-vous virtuel se déroule au centre des médias du conseil local, l'organe officiel de l'opposition, à quelques encablures de la cave à livres. La connexion internet y est plus solide. Le groupe électrogène moins capricieux. Pour des raisons sécuritaires, Abou el-Ezz souhaite ne pas apparaître à l'image. Je me laisse guider par ses paroles.

– Les livres, c'est notre façon de rattraper le temps perdu, d'effacer à jamais l'ignorance, énonce-t-il à mi-voix.

Abou el-Ezz a lui aussi 23 ans. Comme Ahmad, il a interrompu ses études d'ingénierie. Comme Ahmad, il n'a jamais été un rat de bibliothèque. À l'université, dit-il, les ouvrages imposés frôlaient la caricature. Tant de papier gâché pour honorer le souvenir de Hafez al-Assad, mort en 2000. Tant de lignes noircies pour flatter l'ego de Bachar, le fiston. Et toutes ces pages blanches, vides de la mémoire sciemment occultée des absents :

prisonniers politiques, dissidents torturés, opposants disparus sans laisser aucune trace. Toutes ces histoires non écrites, rêves mutilés, pamphlets enterrés vifs, ces voix évanouies sous le poids de la machine à mentir et à tuer.

– Avant la révolution, poursuit-il, on nous abreuvait de mensonges. Il n'y avait aucune place pour le débat. Nous vivions dans un cercueil. La censure était le ciment de notre quotidien. On nous cachait la réalité. On eût dit qu'Assad père et fils étaient les représentants de Dieu sur terre. Dans les nombreux hommages qui leur étaient rendus, il fallait affirmer haut et fort qu'on était prêts à sacrifier pour eux notre âme et notre sang. Je me souviens d'un slogan qu'on devait répéter à l'école : « Assad pour l'éternité ». Il était le maître du pays, du temps, de la pensée.

Derrière l'écran, Abou el-Ezz parle avec la force d'un rescapé. Sa voix est un mélange de fragilité et de résilience. J'ose à peine imaginer la douleur qui le tenaille. Mais il veut parler des livres, sa nouvelle passion, pas se lamenter sur sa santé. Lui, le survivant, ose croire en leur bienfait. S'ils ne peuvent soigner les plaies, ils ont le pouvoir d'apaiser les blessures de la tête. En fait, le simple acte de lire lui est d'un immense réconfort. Une sensation découverte dès la création de la bibliothèque. Il aime flâner entre les pages. Feuilleter sans fin. Se perdre entre les points et les virgules. Naviguer sur des territoires inconnus.

– Le livre ne domine pas. Il donne. Il ne castre pas. Il épanouit.

Je lui demande quel genre d'ouvrage il affectionne en particulier. En réalité, répond-il, il s'intéresse un peu à tout. Ses lectures sont éclectiques, elles varient entre islam politique, poésie arabe et psychologie. Il cite en référence un livre de l'Américain Anthony Robbins, dont il a oublié le titre, mais où il est question d'épanouissement personnel, de quête de soi, de construction d'une identité propre et solide. Tout l'inverse de ce qu'il a pu vivre sous Assad. L'opus, traduit en arabe, a été extirpé des décombres d'une villa abandonnée de Daraya.

– Sa lecture m'aide à penser positivement, à chasser les idées négatives. C'est de cela dont nous avons surtout besoin actuellement.

Et les autres, ceux qui fréquentent régulièrement la bibliothèque, que lisent-ils ? Quelles thématiques suscitent leur intérêt ? Au début, m'explique Abou el-Ezz, chacun a pris ses marques, posé ses jalons. Un livre, c'est comme une précieuse relique qu'on examine pour la première fois, ça peut impressionner. Les curieux piochent au hasard sans trop d'hésitation. Les plus timides sont prudents, effrayés à l'idée même de poser la main sur une des couvertures. Mais, le bouche-à-oreille aidant, certains titres sortent rapidement du lot. Par mimétisme. Par effet de mode. Car la mode aussi résiste à la guerre.

– C'est ainsi que la plupart de nos lecteurs ont lu *L'Alchimiste*, m'explique Abou el-Ezz.

– *L'Alchimiste* de Paulo Coelho ?

– Oui, c'est un de leurs livres préférés. Ils se le prêtent et se le repassent. Certains d'entre eux l'ont lu plusieurs fois.

Si le best-seller international semble avoir tant retenu leur attention, c'est qu'il pose des mots simples sur une notion qui leur est familière : le défi de soi. Pour eux, la quête de ce berger espagnol, parti à la découverte de sa « légende personnelle » au fil d'un voyage qui le mène de l'Andalousie aux pyramides d'Égypte, est parlante. Ce livre, ils le lisent comme un écho à leur odyssée périlleuse de jeunes révolutionnaires. Ils s'y raccrochent comme à une boussole. Peut-être parce qu'il renferme un trésor particulièrement précieux à leurs yeux : la notion de l'infinie liberté.

Mais à la bibliothérapie salvatrice se greffe, aussi, une volonté farouche de rattraper le temps perdu. Pour la génération d'Abou el-Ezz, qui n'a connu que la dictature verrouillée du parti Baas, en place depuis le début des années 60, la soif de changement est saillante.

– La plupart des lecteurs sont comme moi, ils n'ont jamais aimé bouquiner avant la guerre. Aujourd'hui, les jeunes de Daraya ont tout à apprendre. C'est comme si nous redémarrions à zéro. À la bibliothèque, on me demande ainsi souvent des ouvrages sur la « démocratie ».

La « démocratie », ce mot autrefois tabou, fleurit aujourd'hui sur toutes les lèvres. Positionné en bonne place sur les étagères, un autre ouvrage rencontre un succès particulier : *Al-Muqaddima* (*Le Livre des exemples*), d'Ibn Khaldoun.

– Nos lecteurs ont tous, à un moment donné, feuilleté ce pavé dans lequel l'historien tunisien du XIVe siècle s'inspire de sa propre expérience pour tenter de déterminer les causes de la montée et du déclin des dynasties arabes.

Dans un contexte d'incertitude post-révolutionnaire, ce précurseur de la sociologie moderne leur offre, sinon des solutions, du moins des pistes de réflexion sur des questions aussi fondamentales que la gouvernance, les luttes de pouvoir ou le développement économique, alors que la forme de la future Syrie suscite tant d'interrogations.

En écoutant Abou el-Ezz, je réalise à quel point les livres les aident à se transporter ailleurs. Pas de vue partielle, de censure, mais un nouveau monde rempli de mots, d'histoires, de réflexions. Ils s'en inspirent, parfois se les réapproprient. Ils puisent dans tous ces récits une nourriture intellectuelle dont on les a trop longtemps privés.

Avant de le quitter, je lui demande s'il envisage de retourner travailler à la bibliothèque.

– Bien sûr ! répond-il comme une évidence.

Pour lui, ce lieu n'est pas seulement un espace de guérison, c'est aussi un sas de respiration. Une page d'espoir dans le roman noir de la Syrie.

Les jours suivants, des dizaines d'autres lecteurs défilent à leur tour derrière l'écran. Les uns après les autres, ils me racontent leurs lectures comme on déroule un parchemin. Pendant des heures, ils me parlent des poèmes d'amour de Nizar Kabbani et des écrits du théologien syrien Ibn Qayyim. Ils me confient leur nouvelle passion pour le théâtre de Shakespeare et de Molière. Pour les romans de Marcel Proust et du Sud-Africain Coetzee. Pour les comptines destinées aux enfants. Ils évoquent avec tendresse le *Petit Prince* de Saint-Exupéry. Font les louanges des pavés de médecine qui les aident à mieux traiter les blessés. Tous ces volumes rescapés de la guerre qu'ils ont piochés au hasard dans les rayons de la nouvelle bibliothèque. Des textes polyphoniques comme autant de fenêtres qu'ils entrebâillent depuis les confins de Daraya. Au loin, j'entends leurs voix s'effriter sous le feu de la mitraille. Impassibles, ils affirment que ces écrits sont leurs nouveaux remparts. Qu'ils en ont mémorisé des passages entiers. Qu'avant la révolution ils auraient été incapables d'en citer une seule ligne. Que le conflit qui ensanglante la Syrie les a paradoxalement rapprochés des livres.

Dans ce sas de liberté qu'ils se sont créé, la lecture est leur nouveau socle. Ils lisent pour sonder le passé occulté. Ils lisent pour s'instruire. Pour éviter la démence. Pour s'évader. Les livres, un exutoire. Une mélodie de mots contre le diktat des bombes. La lecture, ce modeste geste d'humanité qui les rattache à l'espoir fou d'un retour à la paix.

À l'ombre de la guerre, les phrases peuvent de nouveau vibrer. Elles sont la marque du temps qui reste quand tout est condamné à disparaître. Elles frémissent de tous ces mots, ceux de la sagesse, de l'espoir, de la science, de la philosophie, qui résistent à la poudre d'explosif. Parfaitement ordonnés et classés sur les étagères, les mots sont solides, ils tiennent debout, triomphants, résistants, vaillants, crédibles, empreints de vérité. Ils offrent des pistes de réflexion, des torrents d'idées, des histoires pour s'échapper. Le monde entier à portée de main.

Leur résistance par les livres est fascinante. Elle me rappelle cette coiffeuse iranienne rencontrée il y a quinze ans dans le Sud populaire de Téhéran et qui avait transformé son salon de beauté en espace de lecture pour femmes. Ou encore ce vélo-livres croisé un jour dans les embouteillages du Caire qui ambitionnait d'élever le niveau d'éducation par la lecture. Les livres, ces sédiments de la mémoire qui défient les carcans. Du temps. De l'asservissement. De l'ignorance.

Leur combat de papier m'est d'autant plus cher qu'il me renvoie à une addiction personnelle. Férue de livres, je me souviens avoir frémi à ma première visite de la bibliothèque d'Alexandrie, maintes fois détruite et incendiée. Avoir rêvé, aussi, d'un aller-retour au Maroc en lisant que celle de Fès, la plus ancienne du monde, venait d'être rénovée. Les bibliothèques ont ce quelque chose de subversif et d'apaisant à la fois. J'ai toujours aimé flâner entre les allées d'étagères, respirer l'odeur du vieux papier, guetter le chuchotement des pages.

À Istanbul, dotée de splendides bibliothèques, l'heure du conte à la médiathèque de l'Institut français est un moment sacré. Avec ma fille, Samarra, nous n'en ratons aucune séance. À la maison, elle en a même fait un de ses passe-temps favoris : le week-end, elle aligne ses poupées dans sa chambre, sélectionne quelques histoires, et joue à « l'Institut français ». J'aime citer cette récente étude de la Banque mondiale qui signale que les personnes qui lisent des livres vivent plus longtemps et sont plus heureuses. Les livres détiendraient-ils, sinon la clef du bonheur, du moins le pouvoir d'y faire croire ?

Inconsciemment, dans la pénombre de Daraya, Ahmad et ses amis portent en eux cet instinct de survie par la culture.

Une bibliothérapie universelle, en temps de paix comme de guerre.

Tandis que les contours de la bibliothèque se précisent, je poursuis ma collecte d'e-mails, de textos, de photos pour mieux cerner la ville où elle se terre. Je fais le tri dans les clichés, je les rassemble, griffonnant des dates, scannant le moindre détail, déchiffrant les cibles et les logos, guettant le plus infime des repères géographiques.

Sur Google Map, vue de loin, Daraya ressemble à n'importe quelle banlieue moyen-orientale : des rangées d'immeubles grisâtres, alignés comme des blocs de Lego. De près, ce ne sont plus que des squelettes décharnés. Pis, des enfilades de gravats, entremêlées de tôle rouillée et de bris de vitres.

Le plan de l'enclave assiégée prend progressivement forme. Voici Daraya, une prison à ciel ouvert à seulement sept kilomètres au sud-ouest de Damas. À l'ouest, Moadamiya, une autre banlieue rebelle, elle aussi encerclée par le régime. Au nord, l'aéroport militaire de Mezze, siège des services de renseignement de l'armée de l'air, que les forces pro-Assad de la Quatrième Division veulent défendre jusqu'au bout.

J'ouvre un dictionnaire. En vieux syriaque, *daraya* signifie « nombreuses maisons ». Quelle ironie du destin que de porter ce nom pour une cité dont les bâtiments sont aujourd'hui si peu nombreux à tenir debout. Parfois, la puissance des bombardements est telle qu'elle creuse des cratères en plein milieu de la chaussée. Ce qui frappe aussi, sur toutes ces images, ce sont ces rues désertes. Rideaux de fer tirés, écoles abandonnées, boulangeries à l'arrêt. Daraya, ville fantôme, vidée de la plupart de ses habitants. De deux cent cinquante mille avant la révolution, ils sont passés à quelque douze mille – dont environ deux mille combattants –, m'explique Ahmad. À chaque fois qu'il apparaît sur Skype ou sur WhatsApp, je l'assomme de questions. Sur la couleur du ciel. Sur le bruit de la guerre. Sur l'odeur de la poudre d'explosif. Il est d'une incroyable patience. Sa voix, à peine perceptible lors nos premiers échanges, s'est dorénavant affirmée. Ses paroles sont moins hésitantes, son discours plus fluide. On devine la force qui l'habite quand il parle de sa ville.

Lorsque la connexion se perd sous le poids d'une énième déflagration, sa voix s'accroche, hoquetante, tapissant mon bureau stambouliote de petits mots décousus, défiant le grondement des hélicoptères, saisissant les rares moments de répit pour glisser une phrase cohérente. Des heures durant, il me parle de Daraya. De sa diversité. De ses deux églises où la minorité chrétienne pratiquait son culte sans encombres. De son célèbre raisin blanc aux grains longs et sucrés. De ses champs si fertiles que le régime cherche à se réapproprier. Dans cette banlieue agricole, connue pour son doux vin, même les bourgeons des fleurs sont aujourd'hui une espèce en voie de disparition.

Je repense à ce terme, urbicide, revisité par l'architecte Bogdan Bogdanovitch à l'époque des guerres yougoslaves. Urbicide, c'est bien ça : la destruction d'une ville par tous les moyens. Sous nos yeux impuissants, la machine à défigurer s'emballe. Elle rase les rêves, dévore les paysages, anéantit tout ce qu'elle trouve sur son passage pour imposer son propre schéma. Destruction physique, géographique, démographique. L'effacement par la force, un classique des tyrans de ce monde que s'est réapproprié le raïs de Damas.

– Mais pourquoi donc un tel acharnement contre Daraya ?

Un soir, au détour d'une de nos nombreuses conversations, je finis par poser la question à Ahmad.

Pourquoi, oui, pourquoi le régime met-il autant de pugnacité à faire de cette ville de la ceinture damascène un laboratoire de la terreur ?

D'un lent mouvement de la tête, il prend son temps avant de répondre :

– Parce que Daraya n'est justement pas comme les autres.

Puis il ajoute :

– Pour comprendre sa résistance civique, qui remonte à bien avant la révolution, il faut aller fouiller dans son passé.

Et Ahmad se met à raconter sa ville.

C'étaient les années 90. Le pays se remettait péniblement d'un massacre, commis en 1982 par le régime de Hafez al-Assad dans la ville de Hama. Le drame qui visait à écraser une tentative de soulèvement des Frères musulmans s'était soldé par la mort de dix mille à trente mille personnes, sans qu'aucun bilan ne puisse être établi. Malgré l'ampleur des événements, ils avaient vite été enterrés, entre les lignes des non-dits. Les portables et internet n'existaient pas encore, le pouvoir avait toujours la mainmise sur l'information. La seule rumeur de la tuerie avait suffi à renforcer le système de la peur, mis en place par la dynastie alaouite des Assad depuis leur accession au pouvoir en 1970. À Daraya, la ville aux « nombreuses maisons », à deux cent vingt-huit kilomètres de Hama, on en parlait à voix basse une fois les portes fermées, les rideaux tirés et les enfants couchés. Comme ailleurs en Syrie, le mot « régime » ne se prononçait qu'en murmurant. Entre eux, les Syriens faisaient vaguement allusion à la « sécurité » (*amn*), ou encore à « l'État » (*dawlé*). Quand le soleil pointait son nez, la nuit engloutissait les mots et chacun s'enfermait à nouveau dans le silence.

Pourtant, à la fin des années 90, une trentaine d'activistes de Daraya brisèrent discrètement le mur de la peur. Ils s'étaient tous connus dans la même mosquée, une de leurs rares échappatoires, qu'ils fréquentaient en catimini. L'imam qui y officiait était un clerc progressiste. Assis en tailleur autour de lui, ils étudiaient le Coran et lisaient les ouvrages interdits de dissidents religieux. Surtout, ils passaient des heures à éplucher les écrits de Jawdat Saïd, un Mahatma Ghandi version syrienne, l'un des premiers penseurs musulmans à avoir introduit la notion de non-violence. Contrairement à l'étiquette « terroriste » dont ils hériteraient bien plus tard, ils prônaient un sunnisme d'échange et de tolérance, et n'avaient pour seules armes que quelques volumes collectés clandestinement.

Un jour, ils décidèrent de passer à l'acte en lançant une série d'initiatives publiques inspirées de leurs lectures : campagnes de sensibilisation pour la protection de l'environnement, mobilisation de quartier pour le nettoyage des rues, lutte contre la corruption… Grâce aux livres, un mouvement civique d'un nouveau genre venait de voir le jour.

Ahmad n'était pas encore né lors du massacre de Hama. Il était trop jeune, aussi, pour se souvenir de la bande de Daraya. Pourtant, lorsqu'il évoque ces fameuses années 90, c'est avec la précision d'un bon élève. « Le siège nous a paradoxalement ouvert les portes de notre passé. En fait, j'ai tant appris depuis 2012 », me confie-t-il.

Ce cours de rattrapage sur l'histoire contemporaine de sa ville, c'est à un certain Muhammad Shihadeh, un compagnon de siège âgé de 37 ans, qu'il le doit. Avec ses amis, Ahmad l'a surnommé « Ustez » (« Professeur »), parce qu'il leur enseigne l'anglais dans les sous-sols de la bibliothèque. Un signe de respect, aussi, envers cet homme plus âgé qui fut l'un des piliers du fameux groupe connu sous le nom de « Chebab de Daraya » (« Les jeunes de Daraya »). Entre deux bombes barils, parfois dans le creux de la nuit, Ustez ouvre son cœur et se confie à eux. Il leur parle des premiers balbutiements de la résistance non violente, de sa discrète insubordination au régime bien avant que le printemps arabe contamine la Syrie. Ahmad ne se lasse pas de l'écouter. Ustez, c'est un peu ce maître à penser dont il a toujours rêvé. Un de ces passeurs du Savoir que le clan Assad n'a jamais tolérés. Ni le père, Hafez, ni le fils, Bachar, dont l'éphémère printemps de Damas, à sa prise de pouvoir, fut rapidement piétiné sous les bottes de la répression. Des heures durant, avec la patience d'un vieux sage, Ustez leur décrit les espoirs déçus, les tentatives de changement avortées, la résilience des insoumis. Grâce à lui, un nouveau monde se profile à l'horizon : un monde d'interrogation, d'échange, de tolérance.

– Nous lui devons beaucoup, dit mon jeune interlocuteur.

Il aimerait tant me le présenter, ne serait-ce que par la fenêtre de nos échanges virtuels. Une promesse qui sera régulièrement compromise par les bombardements répétés. Pour l'heure, dans l'attente d'une accalmie, Ahmad s'applique à relayer ses idées. Et comme s'il récitait un poème interdit, il se replonge dans les souvenirs partagés par Ustez. Un récit sobre et précis. Au nom de la mémoire.

En avril 2002, un événement sert de prétexte à la première manifestation de Daraya. Les forces israéliennes viennent d'envahir le camp de réfugiés de Jénine, en Cisjordanie. Ustez et ses acolytes font le pari de mobiliser la population. Par crainte de représailles, le rassemblement est silencieux. Seules quelques pancartes portées à bout de bras. Les unes dénonçant l'invasion israélienne. Les autres appelant au « changement ». Souvent, les slogans s'inspirent de versets du Coran. Avec cette idée distillée en filigrane : « Dieu ne peut rien pour toi tant que tu ne changeras pas toi-même. » Et cette conviction d'Ustez, soufflée plus tard à l'oreille d'Ahmad : « Notre problème n'était pas Israël, ce n'était pas non plus directement Assad. Notre problème, c'était notre lâcheté, notre manque d'éducation, notre manque de courage pour faire bouger les choses. » Ce jour-là, plus de deux cents personnes, dont une douzaine de femmes, participent au cortège. La police garde ses distances. Sans broncher. Quarante minutes de liberté volées à la dictature. Une sacrée victoire contre la peur.

Ahmad parle et je me tais. Il moissonne la mémoire de sa ville avec un mélange d'envie et d'admiration. L'exactitude de son récit est la marque de quelqu'un qui veut se nourrir de l'expérience des autres...

Un an plus tard, en 2003, l'intervention américaine en Irak aiguise la fougue des manifestants. Une campagne civile pour le boycott des cigarettes fabriquées aux États-Unis est cette fois-ci organisée. Le 9 avril, deux cents personnes sortent à nouveau dans la rue pour une marche silencieuse contre l'occupation du pays voisin. Pour une fois, leur mobilisation va dans le sens du régime. Damas est également opposé aux opérations des GI's. Le mufti de Syrie, réputé proche du pouvoir, a même prononcé une fatwa en faveur du djihad en Irak. Les frondeurs de Daraya se sentent donc en sécurité pour manifester.

Mais Damas commence à s'inquiéter de cet élan populaire qui gonfle trop à ses yeux. Au bout d'un mois, vingt-quatre activistes à l'origine de la manifestation sont arrêtés, puis emprisonnés pour « tentative de renversement du système ». Muhammad Shihadeh en fait partie. Et il en paie le prix fort : trois mois d'interrogatoire musclé, avant d'être condamné à trois ans d'incarcération dans la sinistre prison de Saidnaya. L'épreuve est douloureuse, mais riche en enseignement. Derrière les barreaux, Ustez se retrouve nez à nez avec des Frères musulmans, des salafistes, mais aussi des djihadistes de retour d'Irak et d'Afghanistan. Ces mêmes djihadistes qu'Assad libérerait sciemment des geôles à la révolution de 2011, quand des manifestants pacifistes seraient, eux, arrêtés. C'est aussi dans le confinement de Saidnaya qu'Ustez fait la connaissance de grandes figures de l'opposition, comme le leader communiste Abdul Aziz Khair. Dans l'antre de Saidnaya, toujours, qu'il apprend à se réfugier dans les livres. Une expérience qui inspirera plus tard ses jeunes amis, même s'il ne participe pas directement à la création de la bibliothèque de Daraya.

En 2005, Muhammad Shihadeh est libéré six mois plus tôt que prévu. L'ex-Premier ministre libanais Rafic Hariri vient d'être assassiné à Beyrouth. Montré du doigt, le régime syrien se retrouve sous pression internationale. Il lâche du lest en graciant quelques prisonniers. La pression reste néanmoins de mise. Tous les deux mois, Ustez est convoqué par les services de renseignement. Il est interdit de sortie du territoire. L'université ne veut plus de lui. Mais il ne se démonte pas. Avec son diplôme de littérature anglaise, il s'improvise traducteur. Il tombe amoureux, se marie et fonde une famille. « Plus qu'un modèle, une source d'inspiration », dit Ahmad.

À Daraya, plusieurs années s'écoulent dans un calme relatif. En mars 2011, au début du « printemps arabe », un nouvel événement secoue ses habitants. À Deraa, une autre ville syrienne, des adolescents ont griffonné sur le mur de leur école « Ton tour arrivera, Docteur ». Le message s'adresse directement à Bachar al-Assad, inspiré par la chute de Ben Ali en Tunisie et d'Hosni Moubarak en Égypte. Les jeunes insolents sont arrêtés et torturés, plongeant leurs parents dans une profonde détresse. Très vite, la colère se déverse dans la rue syrienne. Portées par la ferveur contagieuse qui contamine le monde arabo-musulman, d'autres villes suivent le mouvement. Fidèle à son avant-garde, Daraya est une des premières à se réveiller. Le vendredi 25 mars, la bande des années 90 retrouve le chemin de la contestation. À la va-vite, Ustez rédige un des premiers slogans. « De Daraya à Deraa, un peuple dignifié », répètent en chœur les manifestants. La foule gonfle à vue d'œil. En l'espace d'une heure, ils sont déjà des milliers à avoir bravé l'interdiction de manifester. Un succès.

La jeune génération emboîte vite le pas. Malgré le veto paternel, Ahmad rejoint le mouvement dès la deuxième manifestation. De sa « première fois », il a tout gardé en tête. Son cœur en flammes. Sa voix cassée d'avoir trop crié. Sa joie d'être là, tout simplement. Tant d'images inondent sa mémoire. Celles de ces femmes jetant du riz sur la foule, comme lors d'un mariage. De ces enfants à cheval sur les épaules de leurs parents, les yeux tournés vers l'avenir. De ces membres des minorités druze et chrétienne, venus soutenir une révolution qu'Assad l'Alaouite qualifie aussitôt de « sunnite » pour diviser la société. Et ce cri du cœur chanté à l'unisson : « *Jenna ! Jenna !* » (Paradis ! Paradis !). La relève de la fronde civique des années 90 est assurée.

– Les gens criaient du fond du cœur. Une sensation incroyable. Nous ne faisions qu'un contre la dictature. Au début, nous ne demandions pas la fin du régime, nous voulions plus de justice, d'égalité, des réponses à nos besoins. Et puis tout a basculé vers cet inconnu.

Quand les premières balles sifflent, les jeunes protestataires redoublent de créativité : ils offrent des roses et des bouteilles d'eau aux soldats. Avec ce petit mot accroché au goulot : « Nous sommes vos frères. Ne nous tuez pas. La nation est assez grande pour nous tous. » L'idée vient de Ghiyath Mattar, un jeune tailleur de 26 ans. Son message irrite le régime. Il contredit la propagande officielle qui voit des fanatiques religieux plein de haine, armés jusqu'aux dents, en ces hordes d'insoumis. Le 6 septembre 2011, Ghiyath Mattar est arrêté. Trois jours plus tard, sa dépouille suppliciée est rendue à sa famille. Le jeune homme a été castré, sa gorge lacérée. La mort sous la torture de celui qu'Ahmad et ses amis ont surnommé « le petit Gandhi » n'est qu'un triste avant-goût de la brutalité sans nom du régime.

Derrière les murs des « nombreuses maisons », certains habitants commencent à discrètement s'armer. On parle de défection au sein de l'institution militaire, de projet d'insurrection. Ahmad et la majorité des frondeurs de Daraya refusent de tomber dans le piège de la violence. À chaque nouveau rassemblement, le mot d'ordre est infaillible : « *Silmiyé*, *Silmiyé* (pacifisme, pacifisme), même s'ils nous tuent chaque jour par centaines. » Fidèles à l'esprit civique d'Ustez et des plus anciens, ils maintiennent le cap de leur mobilisation pacifique : ils se relaient pour protéger les bâtiments publics, participent à des forums de discussion, lancent un journal clandestin, Enab

Baladi, (« Les raisins de mon pays ») pour informer objectivement la population sur leur sort. Devenus experts en manifestations volantes, ils défilent la nuit quand le jour devient trop menaçant. Les obsèques des « martyrs » servent même de nouveau prétexte aux rassemblements. Mais le régime n'a pas plus de respect pour les morts que pour les vivants. En février 2012, les tanks de la base militaire aérienne voisine de Mezze débarquent en pleines funérailles. Une trentaine de personnes sont tuées. « L'incident est resté gravé dans les mémoires. On en parle encore comme du "samedi noir" », dit Ahmad.

Et puis, l'inimaginable finit par se produire. Le 25 août 2012, les tanks reviennent en ville. « C'était en pleine période de Ramadan », se souvient Ahmad. Après trois jours d'intenses bombardements, les soldats du régime attaquent Daraya. Rue par rue. Maison par maison. S'ils résistent, les habitants sont alignés devant les murs, fusillés un à un. Hommes, femmes, enfants, sans distinction. Une punition collective pour les manifestants. Pour les fleurs et les bouteilles d'eau. Pour les grains de riz sur les cortèges. Pour cette odyssée de paix qui remonte à bien avant la révolution. Calfeutré dans un abri de fortune, Ahmad ne découvre l'ampleur du massacre qu'au départ des troupes, trois jours plus tard. Des dizaines de victimes ont été rassemblées dans la cour d'une mosquée. À la hâte, un cimetière est improvisé pour quelque cinq cents martyrs. « En réalité, les morts s'élèvent sans doute à sept cents si l'on prend en compte tous les autres, inhumés en lieu et place de leur exécution », précise Ahmad.

Le bilan n'inclut pas, non plus, les nombreux activistes arrêtés pendant la rafle et dont les corps suppliciés ont refait surface, trois ans plus tard, dans le dossier « César », nom de code d'un ex-photographe de la police militaire qui prit en photo des milliers de cadavres avant de fuir le pays.

– J'étais effondré. Je ne reconnaissais plus ma ville. Mon quartier, dit Ahmad.

Sous son regard affolé, des colonnes de familles prennent la route de l'exode après le carnage. Mais le cœur de la résistance décide, lui, de rester. Et de s'organiser. En octobre, un conseil local est créé. D'un commun accord, les deux brigades de l'Armée syrienne libre, l'embryon d'opposition armée, nouvellement créées pour défendre la ville sont placées sous le contrôle de cette entité. Encore une particularité propre à l'engagement civique de Daraya.

Bachar al-Assad n'aime pas qu'on lui résiste. Le 8 novembre 2012, il se venge à nouveau en imposant, cette fois-ci, un blocus sur Daraya. À l'annonce de cette terrible sanction, une nouvelle vague de départs s'organise. Les parents d'Ahmad en font partie. Ils le supplient de les suivre. Malgré la peur de l'inconnu, le jeune activiste fait le choix de rester.

– Une révolution ne s'abandonne pas à mi-parcours, martèle-t-il.

Il est loin d'imaginer la suite. L'année suivante, le 21 août 2013, deux missiles percent en pleine nuit le ciel de Daraya. Étrangement, aucune détonation ne s'ensuit. Sauf qu'en l'espace de quelques minutes le dispensaire de la banlieue rebelle se retrouve submergé de patients présentant les mêmes symptômes : convulsions, contraction des pupilles, sensation d'étouffement. À l'instar d'autres villes rebelles de la ceinture damascène, Daraya a été victime d'un bombardement à l'arme chimique. À Daraya, comme à Zamalka, Douma, ou encore Moadamiya, les missiles ont déversé un gaz terriblement nocif qui sera vite identifié par les services français comme du gaz sarin.

Entre Paris, Londres et Washington, la concertation s'enclenche. D'un commun accord, il est décidé de contourner le Conseil de sécurité des Nations unies, soumis au veto russe et chinois, et de sanctionner le régime syrien, quitte à procéder à des frappes. D'abord enthousiaste, le président américain, Barack Obama, se rétracte et s'en remet au vote du Congrès, après que le Parlement britannique a refusé de s'engager en Syrie. C'est finalement l'opposition à une intervention militaire qui l'emporte. Sur proposition de Moscou, l'arsenal chimique syrien est donc placé sous contrôle international, en vue de sa destruction. Une mesure de rétorsion par défaut dont les habitants de Daraya paient le prix fort. Après la fameuse attaque, la ville rebelle se transforme en laboratoire d'atrocités. Impuni pour ses crimes, Bachar al-Assad accélère la machine à réprimer, prenant la vie d'Ahmad et des derniers insoumis en étau.

– Mais il fallait tenir tête. Ne pas se laisser abattre. Continuer à creuser le sillon dessiné par Ustez, poursuit-il.

Un jour de la fin 2013, l'idée de sauver les ouvrages des décombres a ainsi surgi comme une évidence. D'abord hésitant, Ahmad finit par se laisser convaincre. Quel meilleur défi lancé au raïs de Damas que de contredire son récit en refusant de tomber dans le piège de la violence ?

Bachar al-Assad avait fait le pari de les enterrer tous vivants. D'ensevelir la ville, ses derniers habitants. Ses maisons. Ses arbres. Ses raisins. Ses livres.

Des ruines, il repousserait une forteresse de papier.

La bibliothèque secrète de Daraya.

Quelques jours plus tard, vers la fin du mois d'octobre 2015, j'ouvre ma boîte courriel sur ce message envoyé par Ahmad, qui a pour objet « Les règles de la bibliothèque ». Et je lis :

1 - Aucun livre ne peut être emprunté sans la permission du bibliothécaire.
2 - N'oubliez pas de rendre vos livres à la date indiquée.
3 - Un lecteur qui rapporte un ouvrage avec trop de retard sera interdit d'en emprunter d'autres.
4 - Respectez la tranquillité des autres et ne faites pas de bruit.
5 - Veillez à maintenir la bibliothèque propre.
6 - Merci de remettre les ouvrages empruntés à leur place d'origine.

En post-scriptum, Ahmad m'explique que ces consignes ont été imprimées sur une page A4 et qu'elles figurent en bonne position à l'entrée du sous-sol, collées en évidence sur un poteau, pour qu'elles soient visibles de tous.

Ces jeunes sont épatants. Au cœur du chaos, leur bibliothèque est un territoire sans frontière. Une enfilade de continents. Une cache secrète où les livres circulent sans passe-droit ni gilets pare-balles. Dans ce lieu hors d'atteinte, ils sont parvenus à instaurer une intimité collective, mais aussi un esprit d'éthique et de discipline. C'est cela, sans doute, qui les aide à tenir. Cette idée du vivre ensemble. Cette sensation, aussi, de normalité qui repousse les frontières de la violence. Plus inattendu, même les combattants de l'Armée syrienne libre fréquentent assidûment la bibliothèque…

– Notre lecteur le plus fidèle est un rebelle. Un vrai boulimique de livres. Il lit tout ce qu'il trouve. Avec les copains, on l'a surnommé « Ibn Khaldoun », tant il passe de temps le nez collé dans les ouvrages de l'illustre historien tunisien, rigole Ahmad.

Le lendemain, Ahmad me présente Omar Abou Anas, alias Ibn Khaldoun. Même dispositif qu'à l'habitude. Un ordinateur. Deux chaises en face-à-face. Et les crépitements de la guerre en fond sonore.

– *Ahlan wa sahlan*, me dit Omar.

Il s'exprime dans un dialecte syrien très châtié, proche de l'arabe littéraire. Comme si la lecture de grands érudits avait déteint sur son vocabulaire. Entre deux nuages de pixels, j'aperçois son visage traversé par une fine barbe. Et je tends l'oreille, en m'appuyant sur la précieuse aide d'une amie traductrice.

Omar se destinait lui aussi à une carrière d'ingénieur. C'était avant la révolution. Avant que le conflit ne chamboule sa vie.

– Quand les forces du régime ont commencé à nous tirer dessus, il nous a bien fallu protéger les manifestants. Alors j'ai abandonné mes études et je me suis porté volontaire pour combattre. C'était la première fois que je prenais les armes.

À 24 ans, Omar appartient aux rebelles de Liwa Shuhaha al-Islam. Avec Ajnad al-Cham, c'est l'une des deux brigades du front sud de l'Armée syrienne libre. Le jeune combattant par défaut est un de ces nombreux enfants de Daraya, âgés de 18 à 28 ans, propulsés du jour au lendemain sur le front de la guerre. Contrairement à leurs chefs de bataillon, déserteurs de l'armée officielle, ils n'ont aucune expérience du combat. Anciens camarades d'amphithéâtre à l'université, ou voisins de palier, ils se battent parfois avec une arme pour trois face aux bombes et aux chars d'assaut.

En français, Liwa Shuhaha al-Islam se traduit par « Brigade des martyrs de l'islam ». De quoi prêter à confusion...

– Te considères-tu comme un djihadiste ?

Je fais exprès de le provoquer. Non moins par curiosité que par souci d'objectivité. Par besoin, aussi, de préciser les étiquettes face aux accusations répétées de Damas. À ma question répond un long silence. Son visage s'est rembruni. Je l'imagine vexé. Puis Omar prend une grande inspiration avant de s'expliquer posément :

– Si j'ai choisi de combattre le régime, c'est pour défendre ma terre. Mon pays. Mon droit à la liberté. Se battre n'était pas un choix. C'était une nécessité. Au nom du respect de la pluralité. Quand vos amis tombent sous vos yeux pour avoir brandi un morceau de carton réclamant le changement, que reste-t-il, sinon l'envie de protéger les autres manifestants ? C'est comme ça, malheureusement, que tout a commencé. Et puis, sous les bombes du régime, la spirale de la violence s'est enclenchée.

Ses mots sont limpides, épurés de l'habituel jargon idéologique et provocateur auquel les djihadistes nous ont habitués. À aucun moment, Omar ne fait référence à la « grandeur d'Allah », à la « revanche de l'islam » ou au « complot des croisés », expressions très prisées des fanatiques islamistes dans leurs discours et leurs interviews. En fait, ses paroles résonnent de la même candeur que les slogans révolutionnaires de 2011. La soif de liberté, le recours aux armes pour se protéger. De l'autre côté de l'écran, Omar reprend :

– Quant au djihad… À ceux qui cherchent à ternir notre image en nous faisant passer pour des fous de Dieu, ma réponse est simple : nous sommes musulmans. C'est ainsi. C'est notre culture. Mais nous réfutons toute usurpation de la religion. Que ce soit par le Front al-Nosra, la filiale syrienne d'Al-Qaïda, ou par Daech… Ces gens-là ne représentent pas nos idées. Ils les déforment ! N'oubliez pas que la révolte a commencé par des appels à la justice et au respect des droits de l'homme, pas à l'islam.

Je suis curieuse de savoir à quel moment exactement les livres ont commencé à avoir une importance capitale dans sa vie. Était-ce à l'inauguration de la bibliothèque ? À la lecture d'un passage en particulier ?

– C'est quand j'ai compris que la guerre pouvait durer des années. Quand j'ai réalisé que nous ne pouvions compter que sur nous-mêmes.

À partir de là, les livres allaient remplacer l'université qu'il n'avait plus : il lui fallait s'éduquer par lui-même. Combler le vide dont pourraient justement profiter les fanatiques pour imposer leurs idées rétrogrades.

– Les livres ont rapidement eu un impact crucial : ils m'ont aidé à ne pas me perdre.

Et c'est ainsi qu'Omar s'est mis à dévorer tout ce qui lui tombe sous la main :

– J'adore Ibn Khaldoun. J'ai lu de nombreux livres politiques et théologiques. Mais je m'intéresse aussi aux ouvrages occidentaux sur le droit international et les sciences sociales. C'est seulement par l'apprentissage d'autres écoles de pensée que nous pourrons nous préparer à la formation d'un nouveau système politique.

Depuis, il mène une double vie, entre guerre et littérature. La kalachnikov dans une main, un texte dans l'autre. Sur la ligne de front, il a même créé sa « mini-bibliothèque » : une dizaine d'ouvrages parfaitement ordonnancés et calfeutrés derrière des sacs de sable. Le concept a même inspiré d'autres combattants anti-Assad. Quand les bombes se taisent, ils s'échangent des ouvrages, se donnent des conseils de lecture.

— La guerre est perverse, elle transforme les hommes, elle tue les émotions, les angoisses, les peurs. Quand on est en guerre, on voit le monde différemment. La lecture est divertissante, elle nous maintient en vie. Si nous lisons, c'est avant tout pour rester humain.

Pour Omar, la lecture est un instinct de survie, un besoin vital. À chaque permission, il se précipite à la bibliothèque pour emprunter de nouveaux imprimés. Les livres l'habitent, ils ne le lâchent pas. Seul face à la nuit, avec son arme comme seule compagne, il lit. Il croit aux livres, il croit en la magie des mots, il croit aux bienfaits de l'écrit, ce pansement de l'âme, cette mystérieuse alchimie qui fait qu'on s'évade dans un temps immobile, suspendu. Comme les cailloux du Petit Poucet, un livre mène à un autre livre. On trébuche, on avance, on s'arrête, on reprend. On apprend. Chaque livre, dit-il, renferme une histoire, une vie, un secret.

— Et parmi toutes ces lectures, as-tu un livre préféré ?
— *Al-Qawaqa'a*, répond-il sans hésitation.

Al-Qawaqa'a ! *La Coquille*. Je connais ce roman. Je l'ai lu avant la révolution. Il est glaçant. Terrifiant. L'écrivain syrien de confession chrétienne Moustafa Khalifé l'a rédigé après douze années de détention dans la « prison du désert », la redoutable prison de Palmyre. Un récit à la première personne, émaillé d'abominables descriptions sur la barbarie des geôliers, la torture et le cauchemar de son incarcération sous le règne de Hafez al-Assad. Je m'étonne qu'Omar ait eu le courage de lire une telle chronique de l'horreur. Comme s'il n'en voyait pas suffisamment au quotidien…

– Sous Assad, père puis fils, l'ouvrage était interdit. La censure était telle qu'on disposait de peu d'informations sur la brutalité réelle du régime. La plupart d'entre nous en avons réellement pris connaissance au début de la révolution, quand les forces pro-Assad ont commencé à nous malmener. Aujourd'hui, il est important d'ouvrir les yeux sur notre passé. Dans les moments de doute et de désespoir, cela nous rappelle aussi pourquoi nous nous battons.

Malgré la cruauté de *La Coquille*, Omar a noué un lien particulier avec ce livre. Il lui ouvre une porte : celle de l'histoire occultée de son pays. La lecture contre les éradicateurs de la mémoire, les raïs de la pensée unique. J'apprendrais plus tard que le livre autrefois interdit est l'un des plus lus à Daraya. L'ouvrage leur est d'autant plus précieux qu'il a été retrouvé au domicile du dissident Yahya Chorbaji, ami d'Ustez et membre de la bande des années 90. En 2011, il avait été arrêté en même temps que Ghiyath Mattar, « le petit Gandhi » de Daraya. Depuis, sa famille est sans nouvelle de lui. Mais son nom est resté sur toutes les lèvres. Et selon la tradition instaurée à la bibliothèque, il figure en bonne position sur la première page de l'ouvrage.

Si Omar affectionne particulièrement ce livre, c'est aussi parce qu'il le renvoie à sa propre condition. Comment survivre dans un huis clos ? Comment endurer un confinement forcé ?

Il tient à m'en lire un extrait :

> Je déroule le passé et je rêve du futur. C'est devenu une habitude : les rêves éveillés. Cela me procure beaucoup de plaisir, c'est ma drogue. Je construis le rêve petit à petit, je pose tous les petits détails, je les dessine, je corrige. Pendant des heures, assis ou allongé, je suis plongé là-dedans, j'oublie la réalité où je me trouve : je me transporte dans une réalité où tout est beau et facile.[1]

Omar relève la tête, encore perdu dans sa lecture. Il enchaîne :
– *La Coquille* est ce miroir dans lequel je peux me projeter : une enveloppe de protection qu'on se forge pour pouvoir endurer le pire ; une carapace où l'on se blottit pour se protéger du danger.

Sa foi inébranlable dans les livres fait penser à tous ces témoignages et lettres des soldats de la Première Guerre mondiale. Au normalien Marcel Étévé qui dévora quatre-vingts ouvrages en deux ans sur la ligne de front. Au capitaine de chasseurs alpins Robert Dubarle, à qui l'épouse ne cessa d'envoyer de quoi lire dans les tranchées. À la fameuse Société Franklin qui finança la création de trois cent cinquante bibliothèques dans les casernes. Lire pour s'évader. Lire pour se retrouver. Lire pour exister…

Chez les jeunes de Daraya, c'est encore plus que ça. Là-bas, dans l'enclave syrienne, la lecture est aussi un acte de transgression. C'est l'affirmation d'une liberté dont ils ont été si longtemps privés.

Malgré leur encerclement forcé, leur choix de lectures est paradoxalement plus varié que celui de nos soldats de 1914-1918, dont les livres étaient autrefois régulièrement passés au crible par le commandement militaire, soucieux de contrôler les idées et de dissua-

---

1. *La Coquille*, Moustafa Khalifé, traduit de l'arabe (Syrie) par Stéphanie Dujols, © Actes Sud 2007, p. 106.

der les objecteurs de conscience. À Daraya, il n'existe aucune censure préalable exercée sur les publications : les activistes et les combattants de l'Armée syrienne libre qui ont sauvé des milliers d'exemplaires des décombres affirment s'être engagés à tous les placer dans les rayons de la bibliothèque. Et quand certains livres recherchés viennent à manquer, les nouvelles technologies ont réponse à tout : l'accès à internet, bricolé grâce aux petites antennes satellitaires installées au début de la révolution, leur a permis de télécharger des dizaines d'essais philosophiques ou politiques qu'ils peuvent consulter directement sur leurs téléphones portables.

– Les copains m'ont transféré plusieurs livres sur mon smartphone, après les avoir récupérés en ligne. Ça m'aide beaucoup, surtout quand je n'ai pas le temps de passer à la bibliothèque pour emprunter de nouveaux ouvrages, confie Omar.

Son rêve : se procurer une copie numérique du *Prince* de Machiavel, dont il a entendu parler. En raccrochant, je me fais la promesse d'essayer de lui en trouver une traduction arabe. Et je l'imagine repartant au front, sur cette ligne de tous les dangers que même le plus macabre des livres ne serait susceptible d'imaginer.

Les pièces du puzzle de Daraya s'emboîtent peu à peu. Après Ahmad, Abou el-Ezz et Omar, des dizaines d'activistes et de rebelles se prêtent au jeu du dialogue virtuel. Pour recouper les informations glanées, je démultiplie les entretiens. Je pars au Liban à la rencontre d'opposants en cavale. Je fais un aller-retour à Gaziantep, dans le Sud de la Turquie, pour y sonder d'anciens représentants du conseil de Daraya en exil. J'évoque le sujet avec des journalistes, des diplomates, des humanitaires. De retour à Istanbul, je fais la connaissance de militants du mouvement citoyen des années 90. Ils sont unanimes sur la singularité de Daraya : plus qu'un symbole de résilience, c'est un modèle unique de gouvernance où, malgré la guerre, le civil garde le contrôle sur le militaire.

Et je continue à sonder Ahmad.

La question djihadiste me taraude. À Damas, la télévision pro-régime Al-Dounia ne cesse de proférer la même rengaine : Daraya est un nid de terroristes. Il faut les éliminer. En découdre pour de bon. Le mensonge d'État, fidèle à la fabrication d'un récit officiel, ne fait aucun doute. Je souhaite pourtant en avoir le cœur net : la banlieue de Daraya héberge-t-elle, oui ou non, des terroristes islamistes, fussent-ils en minorité ?

Ahmad prend note de mes questions. Et il me répond :
– Je vais être honnête avec vous : au tout début du soulèvement, la majorité des manifestants de Daraya ont brandi le drapeau vert et rouge de la révolution syrienne. Puis quelques rares personnes ont commencé à arborer le fameux drapeau noir, frappé de la profession de foi musulmane en lettres blanches. On les a d'abord laissé faire. Après tout, nous avions suffisamment souffert sous l'emprise d'un pouvoir qui ne nous imposait qu'une seule idée, une seule couleur. En plus, ce drapeau noir se voulait être celui du Prophète, pas celui d'Al-Qaïda ou d'une mouvance particulière. L'islam comme étendard, une façon de dire non à un régime castrateur.

« Plus tard, à la fin 2012, lorsque Daraya s'est retrouvée encerclée par les forces pro-Assad, une demi-douzaine de combattants syriens du Front al-Nosra ont fait une incursion à Daraya. C'était l'époque où il était encore possible de s'infiltrer en ville, par la brèche de Moadamiya, la banlieue voisine. Les combattants anti-Assad de l'Armée syrienne libre en étaient à leurs débuts. L'Organisation de l'État islamique n'était pas encore née. Du Front al-Nosra, on ne savait pas grand-chose. Alors, oui, les gens se sont laissé séduire. Les jeunes, surtout, étaient très influençables. Par ignorance sans doute. Par désespoir aussi. Parfois, par simple esprit de contradiction.

« Très vite, les nouveaux partisans d'Al-Nosra ont commencé à être en désaccord avec les anciens de la bande à Ustez. Ils les accusaient d'être des agents de l'Occident, d'insulter l'islam, d'être des *kafir* (mécréants). Il y a eu des tensions, quelques accrochages. En 2014, le conseil local a fini par trancher pour éviter que la situation ne dégénère : il a signé une charte commune avec les commandants des deux bataillons de Daraya,

Liwa Shuhaha al-Islam et Ajnad al-Cham, qui stipulait qu'aucune autre entité militaire ne serait formée sans l'accord de tous.

Une fois de plus, la voix de la sagesse l'avait emporté à Daraya. À l'inverse de Raqqa, un autre bastion de la résistance anti-Assad pris d'assaut par le Front al-Nosra, puis par Daech, qui en fit la capitale syrienne de son califat trois ans après la révolution, l'enclave était parvenue à faire front aux djihadistes. Incapables de s'imposer, les combattants d'Al-Nosra finirent par disparaître dans la nature. Volatilisés à jamais. Mais si Daraya avait réussi à déloger les djihadistes, c'est aussi grâce à son organisation implacable et singulière : les décisions militaires y sont prises par le conseil local, et non par l'Armée syrienne libre, comme c'est le cas dans la plupart des autres enclaves contrôlées par l'opposition. Malgré la précarité imposée par la guerre, cette entité est parfaitement structurée. Elle dispose d'une dizaine de bureaux : exécutif, militaire, juridique, financier, complétés par des cellules en charge des relations publiques, de la santé, ou encore des services publics. Un mini-gouvernement à lui seul.

– Je vais vous faire une confidence, poursuit Ahmad. Moi aussi, j'ai eu ma période d'hésitation. Bien qu'opposé au combat par les armes, j'ai été attiré au tout début par les paroles du Front al-Nosra. Il avait quelque chose de fascinant dans ce groupe. Leur discours était bien rodé. J'étais loin d'imaginer qu'ils étaient proches d'Al-Qaïda. Je pensais naïvement qu'ils étaient venus nous soutenir, défendre notre révolution. Après tout, nous partagions la même volonté de changer le régime. Et puis ils ont vite montré leur vrai visage : les attentats-suicides dans d'autres régions du pays, la terreur imposée dans les territoires qu'ils cherchaient à contrôler, l'enlèvement et l'assassinat de combattants de l'Armée syrienne libre. Même si leurs opérations terroristes ne dépassent pas les frontières de la Syrie, contrairement aux djihadistes de Daech, ils cherchent à marquer le pays d'une empreinte noire. Une ambition territorialiste et idéologique, sous couvert de l'islam.

Une autre forme d'urbicide, mais dans une version religieuse. Cette volonté perverse de transformer les villes et les hommes pour en faire les otages d'une pensée unique...

– La particularité de notre enclave, c'est aussi que les rebelles anti-Assad sont tous des gars de Daraya, continue Ahmad. Des jeunes, non professionnels pour l'essentiel, qui ont pris les armes pour la première fois lors de la révolution pour se protéger des balles du régime. Un tiers d'entre eux sont d'anciens étudiants, comme Omar. Ce qui est absurde, c'est que Bachar al-Assad nous accuse d'être infiltrés par des combattants étrangers, alors que ses forces s'appuient, elles, sur le soutien des avions de l'armée russe, et des miliciens iraniens, irakiens, afghans, pakistanais, pour étouffer ce qui reste de l'opposition modérée. En activant sa machine de propagande, Bachar al-Assad s'évertue à convaincre les Occidentaux qu'il est le seul rempart contre Daech. En réalité, la brutalité de Damas ne fait que radicaliser ses adversaires. Au lieu d'arracher la mauvaise herbe, Assad l'entretient. S'il voulait vraiment éradiquer le terrorisme, le régime aurait commencé à bombarder Raqqa depuis longtemps, pas Daraya.

Ahmad s'interrompt. Il a suffisamment parlé politique. Il souhaite revenir au sujet d'origine : la bibliothèque.

– Les livres nous ont sauvés. C'est notre meilleur bouclier contre l'obscurantisme. Le gage de jours meilleurs. Il nous faut cultiver la patience. En France, vous êtes passés par là. La révolution ne s'y est pas faite du jour au lendemain. L'autre jour, j'ai regardé *Les Misérables* avec les copains. On avait téléchargé le film inspiré du roman de Victor Hugo sur internet. Qu'est-ce que c'était déprimant ! Mais, en même temps, je me suis dit : ça a pris des années, mais la France a réussi à obtenir ce qu'elle voulait. La justice sociale, la démocratie, les droits de l'homme. Cela me redonne espoir. Le même espoir qui m'habite lorsque je regarde pour la énième fois mon film préféré, *Amélie Poulain*.

Vendredi 13 novembre 2015. Je fête mon anniversaire à Istanbul avec quelques amis d'ici et d'ailleurs, réunis au bord du Bosphore. Un bref moment de répit dans la spirale infernale de l'actualité. La veille, deux attentats-suicides ont ébranlé Beyrouth. Le mois précédent, Ankara, la capitale turque, a été endeuillée par deux kamikazes. Tandis que Damas fait la guerre aux opposants modérés, le monstre de Daech se fraie son propre chemin, démultipliant ses attaques au-delà des frontières de son califat autoproclamé, à cheval entre l'Irak et la Syrie. Malgré la sinistrose qui s'abat sur la région, Istanbul reste une ville-monde où l'on peut rassembler l'espace d'une soirée amis turcs, libanais, syriens, afghans, iraniens, égyptiens, français, américains. Cette cité plurielle où chacun trouve sa place pour panser les plaies d'un exil ou d'un deuil prématuré…

Il est 23 h 30. À la fin du dîner, un ami turc s'approche et me chuchote : tu as vu ce qui se passe à Paris ? Je le regarde. Il est blême, son smartphone entre les mains. Il me le tend. Des alertes rouges clignotent sur son écran. Explosion entendue au Stade de France. Coups de feu en terrasse de cafés dans les Xe et XIe arrondissement. Tirs au Bataclan. J'appelle mes parents, ma sœur, mes amis. Accrochée au téléphone, je répète mécaniquement : « Ça va ? » Les rôles sont inversés. Après dix-huit ans de vie dans différents pays du monde arabo-musulman, je suis celle qui pose « la » question.

La soirée s'achève dans l'inquiétude, entre appels téléphoniques et angoisses partagées. Tous ces petits mots qu'on se glisse à l'oreille pour se rassurer, pour faire semblant d'aller bien, ou pas trop mal. Et ce réveil, le lendemain, comme au sortir d'un cauchemar.

Mais le cauchemar est réel.

À la télévision, on ne parle que de ça. Au moins cent vingt-huit morts. Plus de quatre cents blessés. Et cette revendication, noir sur blanc, de l'Organisation de l'État islamique qui dit avoir voulu prendre pour cible « la capitale des abominations et de la perversion ». Après *Charlie Hebdo*, en janvier, Paris est de nouveau frappé en plein cœur. Paris blessé. Paris meurtri. Sensation foudroyante que de savoir sa ville de naissance rattrapée par la violence. Ce Paris-refuge que l'on pensait invincible, à force d'aller s'y ressourcer entre deux guerres, deux révolutions, deux crises politiques. Soudain, les cartes sont brouillées. La guerre ici. Là-bas. Ailleurs. La guerre à la maison. Au coin de la rue. La guerre sans ligne de front.

Ma fille se lève. Il faut faire bonne figure. Ne rien laisser transparaître. Tiens, c'est samedi, et il est presque 11 heures. 11 heures, l'heure du conte. Le rituel à ne pas manquer. Avec Samarra, nous sautons le petit déjeuner et nous enfilons nos manteaux. Une fois dans la rue, je prends sa petite main dans la mienne. Puis nous croisons le vendeur de simits, caressons un chat avant d'arriver sur la place Taksim et de traverser la foule compacte des badauds.

À l'Institut français, à l'entrée de la mythique avenue piétonne d'Istiklal, le drapeau est en berne. Le jardin pratiquement vide. À la médiathèque, seulement une demi-douzaine d'enfants, accompagnés de leurs parents téméraires, aux mines décomposées. Et la conteuse, Julie, fidèle au poste, malgré ce masque de tristesse qui lui blanchit le visage.

Nous prenons place. Julie se tient droite devant son jeune public. D'un geste lent, elle ouvre son sac rempli d'ouvrages, en pioche un au hasard et se met à en tourner les pages. Aux premiers mots, sa voix enveloppe l'espace d'un écrin de réconfort. Une fée bienveillante lisant des contes pour enfants qui font soudain sens pour les grands. Des histoires pour s'échapper. Des livres pour s'évader.

Je regarde autour de moi : il y a quelque chose d'apaisant dans le parfait alignement des étagères, les manteaux accrochés à l'entrée, les petits bancs disposés devant la conteuse. Pour la première fois, je suis saisie par un autre détail : la médiathèque se trouve en sous-sol. Chaque samedi, nous descendons les marches pour y accéder. Une coquille de protection. Comme à Daraya...

De retour à la maison, j'allume mon ordinateur. Partagée entre l'envie de fuir les mauvaises nouvelles et la soif d'en savoir plus. En ouvrant mes courriels, je tombe aussitôt sur ce message d'Ahmad qui me pense à Paris :

> *Nous sommes tellement désolés pour ce qui vient de se passer en France.*
> *À Daraya, nous sommes à vos côtés contre le terrorisme. Si nos souffrances n'étaient pas aussi profondes et si les bombardements étaient moins intenses, nous aurions allumé des bougies en signe de solidarité, mais malheureusement nous ne pouvons pas faire grand-chose.*
> *J'espère que vous allez bien et que, là où vous vous trouvez, vous n'êtes pas en danger. Sachez combien nous*

sommes navrés. Nous vous présentons nos condoléances, à vous et à toute la population française.

Nous savons que, si le terrorisme a malheureusement endeuillé la France, c'est parce qu'elle appuie notre combat pour la liberté.

Nous sommes tellement reconnaissants envers le soutien des Français.

Merci du fond du cœur.

Qui ne serait pas ému à la lecture d'une telle lettre ? Ahmad vit sous une pluie de bombes. Il a perdu tant d'amis, n'a pas vu sa famille depuis quatre ans. À Daraya, son quotidien est une montagne d'urgences. Il a pourtant pris le temps de rédiger ce message, de partager sa compassion.

Un terroriste ne s'excuse pas.

Un terroriste ne pleure pas les morts.

Un terroriste ne cite pas *Amélie Poulain* et Victor Hugo.

Le 7 décembre 2015, je reçois un nouveau message d'Ahmad. Cette fois-ci, c'était un éclat de phrase, tranchant comme un fragment de balle. Il tient sur une seule ligne :
– La bibliothèque a été attaquée.
Je le relis aussitôt, scannant chaque mot, chaque syllabe, espérant dénicher un détail consigné entre deux lettres. En vain. À la hâte, je saisis mon portable pour l'appeler. Son numéro sonne dans le vide. J'ouvre Skype : Ahmad est aux abonnés absents. Alors, je lui envoie un texto :
– Ça va ?
Face à son silence, je réitère ma question au bout de quelques heures. Et j'ajoute :
– Tu es là ?
À l'issue d'un temps d'attente interminable, sa réponse arrive enfin.
Il est là, oui, au bout de cette ligne décousue, de cette connexion fébrile, de ce bout du monde meurtri et inaccessible.
Il est là, et il a eu chaud. En plein jour, un baril d'explosifs s'est abattu sur l'immeuble qui héberge la bibliothèque, arrachant deux des cinq étages, transformant l'entrée en une montagne de débris. Au fond de la cave, où se trouve l'agora de papier, les étagères ont

craché leurs livres à terre. Ils jonchent le sol comme des épaves, ébouriffés par la déflagration, pliés, froissés, mélangés au plâtre et aux bris de verre. Dans la chute, des pages ont été arrachées. Des couvertures cabossées. La poussière s'est chargée du reste, ensevelissant tables et canapés sous un manteau grisâtre. Il faut maintenant trier de nouveau les livres, les fiches de lecture cartonnées, réparer les planches de bois cassées. Mais il ne faut pas s'inquiéter, tout va bien, poursuit Ahmad. Personne n'a été touché, il n'y a pas de victimes ni de blessés. Un miracle ! D'ailleurs, on est déjà à l'œuvre, en train de tout nettoyer, de replacer chaque ouvrage à sa place, de recoller les pages. C'est ainsi. La vie continue. On a juste condamné la porte principale, celle qui donne sur la rue. Pour pénétrer dans la bibliothèque, il faudra désormais passer par la gauche. Un simple trou creusé dans le mur, plus discret, mieux protégé. Et oui, bien sûr que la bibliothèque rouvrira ses portes. Et si ce n'est pas demain, ce sera après-demain, *inch'Allah*. En attendant, on a encore de quoi lire avec les fichiers PDF enregistrés dans nos smartphones.

Ahmad me raconte tout ça dans une enfilade discontinue de textos. Parfois, pour gagner du temps, il me répond par paliers de pastilles sonores enregistrées sur la messagerie gratuite WhatsApp. Depuis le début de la guerre, c'est le meilleur moyen de communiquer en décalé avec les Syriens de l'intérieur. On envoie nos questions. Et ils reviennent vers nous quand ils ont le temps – ou qu'ils ont accès au réseau. Un répondeur version 4.0 qui échappe à la surveillance du régime.

Je lui demande s'il pense que l'attaque était délibérée, si Damas a sciemment visé la bibliothèque. Il reste muet. C'est ainsi qu'il répond quand il réfléchit. Une économie de mots, portée par un souci d'objectivité. Puis il me dit qu'il n'en sait trop rien. Qu'ailleurs, dans les quartiers rebelles d'Alep-Est, dans le Nord du pays, le régime et ses alliés russes visent volontairement les hôpitaux, les médecins, les ambulances. Une destruction préméditée. Même les Nations unies l'ont reconnu. Pour les attaques aux bombes barils, comme à Daraya, c'est plus difficile à prouver. La frappe est aléatoire. Elle n'est pas précise. Elle peut rater sa cible. C'est pour ça, aussi, qu'elle effraie et qu'elle tue autant.

– Délibérée ou pas, cette attaque est la preuve que Bachar al-Assad nous hait. Qu'il veut notre peau. C'est une évidence, poursuit Ahmad.

Sa voix s'est légèrement affaissée, avant de renouer avec sa tonalité d'origine :

– S'il pouvait nous brûler vifs, il le ferait !

Cette fois-ci, c'est moi qui me tapis dans le silence.

Je pense à *Fahrenheit 451*. Aux pompiers fous qui mettent le feu aux livres. Au roman de Ray Bradbury, publié en 1953. Aux livres qui y sont frappés d'interdit. À la brigade spéciale qui sillonne les rues pour punir les contrevenants.

Je pense à cette phrase prononcée dans l'ouvrage par le capitaine Beatty :

> Un livre est un fusil chargé dans la maison d'à côté. Brûlons-le. Déchargeons l'arme. Battons en brèche l'esprit humain. Qui sait qui pourrait être la cible de l'homme cultivé ?

Les livres, ces armes d'instruction massive qui font trembler les tyrans.

Et je me suis dit qu'un jour je ferai partager à Ahmad la lecture de cette fiction du XXe siècle. Un roman prémonitoire qu'il pourra ajouter à sa longue liste d'ouvrages.

Au fil des jours suivants, Daraya s'enfonce encore un peu plus dans les ténèbres. Verrouillée par Damas. Bombardée par ses hélicoptères. Condamnée à une vie d'autruche, la tête enfouie dans les gravats pour tenter de résister. En ce tout début d'année 2016, l'hiver gifle la ville avec la même obstination que les frappes aériennes. « Daraya, la ville qui a raté le soleil », ironise, amère, une vidéo tournée par le conseil local et postée sur YouTube. Pour le seul mois de décembre ont été recensées plus de neuf cent trente-trois bombes barils larguées sur Daraya. Ces engins explosifs aisés à concevoir et bon marché sont l'une des armes de terreur de prédilection de l'armée syrienne. Est-ce la raison du silence d'Ahmad ? Depuis l'attaque contre la bibliothèque, il est moins disert. Je l'imagine débordé, d'autant qu'une autre mauvaise nouvelle s'est abattue sur la banlieue damascène : après maintes tentatives avortées, le régime est parvenu, en janvier 2016, à couper définitivement Daraya de sa voisine Moadamiya, la privant ainsi de sa dernière source de ravitaillement externe. L'enclave est désormais sans issue. Les chemins de traverse condamnés pour de bon. Le blocus consolidé. Affolées, de nouvelles familles ont plié bagages en fuyant in extremis à travers champs, faisant chuter le nombre d'habitants de douze mille à quelque huit mille trois cents.

Au début du mois de février 2016, c'est un ami d'Ahmad qui prend la relève sur la Toile pour me faire parvenir les échos fébriles de la ville. Shadi a 26 ans, un visage rond et une voix timide qui tranche avec son embonpoint. Contrairement à Ahmad, il n'est pas féru de lecture. Mais avec lui s'ouvre une nouvelle page du récit de Daraya : celle de la guerre en images, qu'il collectionne avec obsession depuis le début de la révolution. Des images qu'il diffuse sur les réseaux sociaux pour prendre le monde à témoin. L'appareil photo toujours en bandoulière, Shadi photographie tout, filme tout. À longueur de journée, il slalome à travers les cicatrices de sa cité dans le souci d'en documenter les blessures.

S'il fallait résumer son quotidien, il tient en une seule vidéo qu'il me fait partager dès nos premiers échanges. Une minute, à peine, filmée en 2014, et qui n'a jamais cessé de le hanter. J'ouvre grand les yeux. Dans le ciel grisonnant, un hélicoptère fait des rondes en basse altitude, ses pales menaçantes à ses trousses. Soudain, l'oiseau de métal ouvre ses entrailles, libérant un cylindre surmonté d'ailerons. L'engin meurtrier entame lentement sa trajectoire avant d'accélérer sa descente, en piquant du nez vers une rangée d'immeubles. Perdue dans les grondements de l'appareil, je reconnais la voix paniquée de Shadi : « *Allahou akbar*, *Allahou akb...* » Une première détonation, suivie d'une deuxième, lui arrache sa dernière syllabe. L'image sursaute, sous le double impact de l'explosion. La caméra tremble, elle bascule derrière les barreaux du balcon, mais continue frénétiquement à filmer les deux gros nuages qui s'épaississent au loin. Le baril d'explosifs est tombé à quelques mètres de Shadi en déversant sa ferraille dévastatrice. Derrière le viseur, le jeune homme se ressaisit : « *Allahou akbar*, Daraya, 12 janvier 2014 […]. J'ai filmé le baril d'explosifs ! Je l'ai vu juste en face de moi. » Au loin, une voix lui répond, haletante : « Je n'ai pas eu le courage de me tenir où tu es. »

Courageux, mais sous le choc.

– Les jours suivants, je suis resté abasourdi, incapable de sortir de chez moi. La bombe était tombée tellement près. J'étais sonné, rapporte Shadi.

Ce n'est que le début d'une campagne systématique de largages de barils, dont il va devenir l'archiviste en chef malgré lui :

– Avec le temps, la peur s'est tassée. Je me suis mis à filmer de plus belle. À force de côtoyer la mort, j'ai en perdu le sens des émotions.

Quand Shadi parle, c'est avec la précision d'un miniaturiste. Obsédé par les sons, les images, les formes et les motifs, il connaît désormais tout de ces bombes meurtrières qui dégringolent du ciel :

– Nous avons recensé près de six mille largages de barils en trois ans. Parfois, il en tombe jusqu'à quatre-vingts par jour. Quand les hélicoptères percent le ciel, on les scrute et on tente d'anticiper la frappe pour aller se réfugier dans l'abri le plus proche. L'exercice est difficile : la chute du baril ne dure que trente secondes, ce qui laisse très peu de temps pour prendre ses jambes à son cou. La nuit, c'est encore pire. On ne distingue pas les engins dans l'obscurité. Ceux qui ont des caves y ont installé des matelas pour y dormir. Les autres sont condamnés à prier avant de s'assoupir en espérant être encore en vie le lendemain.

Depuis cette fameuse vidéo de janvier 2014, une des plus partagées sur YouTube à l'époque, Shadi a documenté des centaines de tragédies causées par ces cylindres maléfiques. Comment oublier, par exemple, cette famille syrienne brutalement endeuillée par une frappe fatale à la fin de la même année...

– Un père de famille avait convaincu sa femme et leur fils de 12 ans de déménager dans un quartier moins exposé aux bombardements. Il venait juste de les déposer dans le nouvel appartement pour aller chercher les derniers cartons quand un baril d'explosifs les a rattrapés. L'épouse et l'enfant sont morts sur le coup, enterrés sous les décombres. Le pauvre homme était dévasté.

Arrivé sur les lieux du désastre juste après l'explosion, Shadi a tout filmé ce jour-là. Il a filmé l'immeuble, effondré comme un château de cartes. Il a filmé le mari, le visage ravagé par les larmes. Il a filmé les volontaires de la Défense civile, deux longs sacs roses à bout de bras. Les dépouilles des deux défunts...

– Cet homme voulait protéger sa famille des bombardements. C'est tout le contraire qui s'est produit. Notre vie a si peu de valeur, poursuit Shadi.

Il le sait si bien, lui qui a perdu tant d'amis, lui que la mort ne cesse de poursuivre, même jusqu'aux obsèques de ses camarades les plus proches. Gravé dans sa mémoire comme une photographie en noir et blanc, le souvenir des obsèques sanglantes de l'un d'eux, fauché lui aussi par une bombe baril :

– C'était en août 2015. Pour une fois, je ne filmais pas. Nous enterrions un ami cher, Ahmad Mattar. Nous étions en train de réciter la prière funéraire, quand, soudain, il y eut un grondement dans le ciel. À une vitesse éclair, le sol s'est dérobé sous nos pieds. Deux explosions. Mes oreilles n'entendaient plus. J'avais de la poussière dans les yeux, des étincelles dans la tête. Quand j'ai recouvré la vue, au bout de quelques minutes, j'ai aperçu les corps inertes de deux amis. Ils avaient été tués sur le coup. Le baril, il te suit partout. Il te surprend à tout moment. Il ne te laisse aucun répit, dit-il la gorge nouée.

Comme beaucoup de jeunes militants anti-Assad, Shadi s'est formé à la vidéo sur le tas. Lui, le fils de paysan qui s'était arrêté au bac pour travailler dans l'agroalimentaire, l'enfant réservé qui n'avait jamais osé défier ses professeurs. Lui, à qui les débuts prometteurs du printemps arabe de 2011 a soudainement « ouvert les yeux ». « Avant la révolution, je regardais confortablement le monde à travers mes lunettes, sans trop me poser de question », dit-il. Les images de la révolte égyptienne l'ont métamorphosé. « Lorsque j'ai vu Moubarak tomber sous la pression des manifestants, je me suis dit : nous aussi, on peut y arriver. J'avais toujours pensé que l'histoire de mon pays était tracée d'avance, que rien ne pouvait changer. Soudain, nous nous sommes retrouvés dans la rue à réclamer notre droit à l'écrire nous-même. Avec nos propres mots », poursuit-il.

Quand la révolte bascule dans la guerre, Shadi rejoint le centre des médias du conseil local de Daraya. Il devient l'un de ces nombreux citoyens journalistes, indispensables médiateurs d'une information inaccessible aux reporters étrangers. Pour mieux traquer les images, il troque la caméra de son smartphone contre un véritable appareil photo. Puis, quand, en décembre 2014, un ami le contacte de Damas pour lui proposer son aide financière, Shadi répond sans hésiter :

– Tout ce dont j'ai besoin, c'est d'un Canon D70.

Mais la livraison du sésame est à haut risque. Pour accéder à la banlieue assiégée, il faut traverser les checkpoints du régime, puis passer par Moadamiya avant de s'engouffrer dans la dernière brèche d'accès à Daraya. Cette zone agricole de deux kilomètres qui sépare les deux villes est dans l'œil de mire des soldats du régime, qui tirent à tout moment de leur montagne. Comme souvent, en zone de guerre, où les femmes sont aussi invisibles qu'efficaces, c'est une Syrienne qui joue le rôle de « passeur ». L'appareil camouflé sous son voile, elle fait la traversée de nuit sur cette route mortelle où sont tombés tant d'autres. J'ose à peine imaginer cette silhouette filiforme se faufilant sous les arbres, traversant furtivement les champs de vignes et d'oliviers avant de repartir à Damas, aussitôt sa livraison assurée. Shadi n'a même pas eu le temps de la croiser, mais il lui doit beaucoup.

– Ma caméra est devenue ma meilleure complice, dit-il. Elle ne me quitte jamais.

Depuis, Shadi ne se sépare plus de son précieux appareil professionnel.

Avec lui, il documente tout dans le moindre détail. Le souffle en rafale des missiles. Les façades criblées par la mitraille. Les poutrelles tordues. La carcasse rouillée d'une balançoire. Les griffes de la guerre. Les cadavres de pierres.

Avec toutes ces images que me transmet Shadi, je parcours les rues comme dans un jeu vidéo, je me faufile dans les maisons abandonnées, je sursaute au bruit d'une détonation. Sauf que tout cela est bien réel. La guerre en direct, derrière l'écran de mon ordinateur.

Les images sont souvent saccadées, filmées dans l'urgence. Des images témoins, très courtes, des instantanés dérobés à cette vie éphémère. Quand les bombes pleuvent, la caméra chancelle, pivote, se ressaisit. Zoom avant, zoom arrière. Shadi n'est pas un reporter au sens propre du terme. Il est témoin. Un œil qui reste grand ouvert.

Dans les rares périodes de répit, le temps s'étire. À la bibliothèque, qui vient enfin de rouvrir, les militants de Daraya se filment et s'interviewent, même si le son est parfois inaudible. Sur une vidéo, l'un d'eux porte un micro-cravate, mais il n'a pas été allumé. Sur une autre, un souffle épais obstrue la conversation. Peu importe la qualité des vidéos, ce qui compte pour Shadi et ses compères, c'est crier la vérité en images quand les caméras du régime s'affairent à l'occulter.

De ces clichés saisis sur le vif se dégage aussi une grande fraternité. Ces jeunes résistent ensemble, mûrissent ensemble, vivent ensemble, répartis dans de petits appartements mitoyens du centre des médias. Parfois, au détour d'une séquence, cette poésie inopinée. Comme ce militant affaissé de fatigue, les jambes étendues sur un vieux canapé. Le visage baigné de lumière, il dort d'un sommeil tendre et profond. Le repos du guerrier avant la prochaine tempête.

À force d'accumuler les images, le plan de la bibliothèque se précise encore plus. L'escalier blanc qui mène au sous-sol. La constellation de chaussures déposées à l'entrée. Le poteau central et ses consignes en format A4. À droite, l'espace de lecture. À gauche, l'espace dédié aux débats et aux rencontres – un nouvel espace, à part, que je découvre en parcourant les images de Shadi. Sur une vidéo, j'y reconnais Omar. L'Ibn Khaldoun en treillis a enfilé un t-shirt pour dispenser un cours de science politique. Autour de lui, une vingtaine de jeunes ont pris place sur des chaises en plastique. L'oreille en alerte, ils prennent des notes en écoutant l'aspirant professeur.

– La plupart des intellectuels de la ville sont soit en prison, soit morts, soit en exil, précise Shadi. Il fallait trouver un moyen de prendre la relève pour maintenir le niveau culturel de la ville. Alors, nos jeunes ont commencé à se relayer à tour de rôle pour faire partager leurs connaissances à ceux qui n'ont pas le temps de lire.

Omar est rapidement devenu l'un des enseignants les plus populaires : quand il parvient à s'échapper de la ligne de front, il retrouve ses élèves une à deux fois par semaine.

Shadi me montre une autre vidéo : celle d'un cours d'anglais dispensé par... Ustez ! Je peux enfin mettre un visage sur le nom de ce professeur adulé de Daraya. Visage rond, barbe fine, polo rayé. Pas si loin, finalement, de l'image que je me faisais de lui. Feutre en main, il remplit de gauche à droite le tableau blanc de petites phrases en lettres latines. « *This is a library* », répètent les étudiants, en déchiffrant la première ligne. Vient ensuite l'heure des travaux pratiques. Par groupes de trois ou quatre, les élèves se rassemblent en cercles concentriques en se lançant des « *How are you ?* » et des « *What's your name ?* ». Souvent les dialogues se muent en longs fous rires, entremêlés de discussions en arabe, leur langue qui revient au galop.

– À vrai dire, concède Shadi, les gens sont moins intéressés par l'apprentissage d'une langue à proprement parler que par le fait d'être là, tout simplement. Quel infini plaisir que de discuter d'autres choses que de la guerre. De tenir un crayon. De remplir un carnet de notes. Un sentiment de normalité. Cette vie de tous les jours qui commence à nous manquer.

Parfois encore, poursuit Shadi, l'espace se transforme en piste de danse.

– Nous repoussons les tables et les chaises. Nous roulons les tapis. Et nous nous mettons à danser et à chanter.

J'ouvre une nouvelle séquence qu'il me fait parvenir : dans la partie gauche du sanctuaire de papier, une foule s'entasse, compacte. Main dans la main, des dizaines d'hommes, de garçons, balancent leurs têtes, leurs épaules ensuite, de droite à gauche, puis de gauche à droite. Debout sur une petite scène improvisée, deux chanteurs entonnent des airs connus dans un micro. Comme un seul corps, la foule se met à fredonner une mélodie chargée d'allégresse. « *Jenna ! Jenna !* » Paradis ! Paradis ! Je reconnais ce refrain, c'est le refrain de leur révolution, qu'ils ont ressuscité au fond de ce sous-sol. « *Jenna ! Jenna !* » répètent-ils en chœur. L'appel lancinant d'une espérance. Le baume d'un chant, celui de la liberté, rescapé des profondeurs de la cité.

Ce qui frappe aussi, avec Shadi, c'est son sens de l'imagination. Lui qui ne lit pas, lui qui n'a jamais goûté à la compagnie des romans, fait preuve d'une étonnante capacité à se projeter ailleurs.

– Tu sais, il m'arrive souvent d'essayer d'imaginer le bombardement de Daraya vu de Damas. D'ailleurs, les parents de certains camarades qui habitent dans la banlieue voisine de Sahnaya les appellent affolés à chaque fois qu'ils voient tomber les barils, me confie-t-il un jour, au détour d'une de nos lointaines conversations.

Le déchaînement de violence qui endeuille la plaine de Daraya se déroule à seulement quelques kilomètres à vol d'oiseau du centre-ville de Damas et de l'hôtel de luxe qui héberge les Nations unies. À quelques kilomètres, aussi, des coteaux abritant la base militaire de Mezze, siège des services de renseignement de l'armée de l'air et de leur sinistre prison, d'où sont tirés les obus.

Pas besoin, pour Shadi, de lever la tête pour se savoir dans le viseur des soldats d'Assad. Face à ces automates téléguidés par Bachar, il se sait en danger permanent. Il est Shadi, fils d'agriculteur, vidéaste du réel, militant pour la liberté. Pour eux, il n'est qu'une ombre de plus, pire un « extrémiste » à abattre, un dangereux ennemi à portée de canon. La balle, le missile ou la bombe peuvent le faucher en une fraction de seconde. Shadi, mortel parmi les mortels...

– On a appris à vivre avec cette idée que la mort est au coin de la rue, qu'elle risque de nous rendre visite chez nous, dans nos maisons, en plein sommeil. Ou dans les mosquées en pleine prière. La mort ne nous quitte pas. Dire que la peur n'existe pas, ce serait mentir.

Perché sur une colline, légèrement plus à l'est, le palais présidentiel n'est pas loin. Les habitants de Daraya peuvent le distinguer à l'œil nu.

– Et Assad, je lui demande, comment l'imagines-tu ? As-tu déjà tenté de te mettre à sa place ?

– Assad… répète Shadi. Le malheur, c'est qu'il porte des œillères : il refuse de nous voir et de nous accepter tels que nous sommes. C'est comme si nous vivions sur deux planètes différentes.

Assad, l'ex-étudiant en ophtalmologie aujourd'hui atteint de cécité. Assad, qu'on dit, comble de l'ironie, grand amateur de photographie… Pendant que Shadi et ses compagnons filment en direct leur mise à mort, le raïs de Damas alimente son compte Instagram de selfies avec ses « fans », prend la pose à proximité d'une ligne de front, ou s'exhibe avec femme et enfants dans son costume taillé sur mesure. Retranché dans ses quelques kilomètres carrés bunkérisés en haut d'une montagne de la capitale syrienne, il crie au complot, refuse le concept d'opposition modérée. « Le syndrome de la myopie », souffle Shadi. Ou plutôt de la réalité déformée, à la façon de ces tirages argentiques qui se développent dans la chambre noire : facilement malléables, transformables, reformatables au gré de la lumière et des effets d'ombre qu'on souhaite y ajouter. L'aveuglement du raïs a même déteint sur ses discours : « C'est moi ou le chaos », ne cesse-t-il de répéter, sourd aux appels des militants démocrates.

Chez Shadi et ses amis, l'imagination passe aussi par les mots. Ceux qu'ils écrivent et qu'ils réinventent, en repartant de la racine, celle de leur riche langue arabe. Au terme classique « chaos » (*fawda*) brandi par Bachar al-Assad, ils opposent avec ironie un autre « chaos » (*karkabeh*), plus familier. Le leur. C'est-à-dire ce « foutoir » permanent qu'est devenu leur quotidien sous les bombes. Ils en ont même fait le titre d'une revue bimensuelle, créée avec les moyens du bord au début de l'année 2015. Tirée à quelque cinq cents exemplaires, sous forme de photocopies, *Karkabeh* est avant tout un guide de survie face à la pénurie. Comment brûler du plastique pour en faire du fioul ? Comment récupérer de vieilles fenêtres pour allumer un feu de bois ? Comment conserver l'eau de pluie pour la boire ? Comment cultiver des tomates sur son balcon ? Tout y est dit, expliqué noir sur blanc, parfois illustré de photos ou de croquis, avant d'être diffusé sur la ligne de front et auprès des habitants.

Le « foutoir », ce sont aussi de petits articles d'actualité sur la politique, le sport et le cinéma pour ceux qui n'ont pas le temps ou la patience de se plonger dans un pavé littéraire ou philosophique. « Un divertissement de l'esprit pour tenter de mettre de l'ordre dans notre tête », explique Shadi. Avec Ahmad et d'autres activistes de Daraya, ils ont créé cette feuille de chou pour maintenir un lien social, pour éviter que le désespoir ne mène à la radicalisation.

J'en feuillette quelques pages, mises en ligne sur internet. Le « chaos » qu'ils offrent à leurs lecteurs est parfaitement organisé, rangé par thématiques. Aux poèmes de l'ex-dissident irakien Ahmed Matar se greffent des textes dédiés à Ibn Battuta, l'explorateur marocain du XIVe siècle, à Alfred Nobel, le créateur du prix éponyme, aux différents drapeaux syriens de l'histoire du pays, aux martyrs de Daraya, ou encore aux réfugiés exilés en Turquie. Des histoires brutes. Des mots neutres. Sans jugement de valeur ni couleur partisane. Le vocabulaire de la menace et de la peur, chéri par les médias prorégime, n'est pas de ce « chaos ». On est loin, aussi, des gazettes de propagande de l'Organisation de l'État islamique qui circulent en plusieurs langues sur les réseaux sociaux. Pas de mise à mort ni de mise en scène sanguinolente. Dans les articles de *Karkabeh*, l'écriture est simple, épurée de toute forme de provocation, si ce n'est celle de l'autodérision.

La page consacrée aux mots croisés est à mourir… de rire. Sous les cases vierges, que les lecteurs sont invités à remplir d'un vocabulaire uniquement guerrier – siège, bombes, soldats, martyrs –, les journalistes en herbe ont apposé une « note de la rédaction » : « Le magazine n'est pas responsable des malaises et crises cardiaques provoqués par ce jeu de mots. » Sous les ruines de leur ville, ils façonnent un nouveau langage de l'absurde. Pétrie de réalisme, leur écriture est tragicomique. Ici, c'est le vécu qui prime. Une ville qui se raconte en luttant pour sa survie. Qui se moque aussi d'elle-même. Qui raille ses craintes et ses tracas du quotidien pour mieux les dominer.

La page suivante s'ouvre sur l'horoscope de la semaine. Les traditionnels signes du zodiaque ont été remplacés par des symboles plus familiers : la roquette, la cuisine, le mazout… Quant aux conseils pseudo-astrologiques, ils s'adaptent naturellement au « foutoir » de Daraya : « Si tes amis t'invitent chez eux pour le thé, mieux vaut manger avant d'y aller. Sinon, tu vas mourir de faim », « Attends toi à une sale journée : toutes les routes sont fermées », « Tu ne cesses de creuser des tunnels pour te protéger. Mais la chance peut te sourire : tu vas finir par déterrer un trésor »…

Un peu plus bas, je souris en lisant cette seconde « mise en garde » de la rédaction : « Cet horoscope est le pur produit de notre imagination. Toute ressemblance avec la réalité n'est qu'une pure coïncidence. »

En ce mois de février 2016, plus les bombes pleuvent, plus la vie s'organise en sous-sol. Un univers souterrain, doublement parallèle, qui éclot à quelques jets de pierre de la ligne de front. Bibliothèque, écoles, conseil local, centre des médias, abris, tunnels... Même l'hôpital a pris ses quartiers sous terre. « Aujourd'hui, à cause des frappes aériennes, notre ville ne se lit plus à l'horizontale, mais à la verticale », me confie Ahmad, enfin réapparu sur l'écran de nos échanges virtuels. Daraya, poursuit-il, n'est plus ce ruban plat rehaussé de « nombreuses maisons ». Elle s'appréhende en trois paliers : le ciel, et ses hélicoptères qui ont chassé les étoiles ; la terre, défigurée par les bombes ; les sous-sols clandestins à l'ombre du chaos. Pour se protéger, les habitants sans cave improvisent des terriers à la va-vite sous les fondations de leurs immeubles et aménagent des passages entre les murs des maisons. Creuser des trous, la destinée des anti-Assad. Comme une condamnation à perpétuité. Des travaux forcés par défaut.

Avec Ahmad et Shadi, je m'engouffre chaque jour un peu plus dans le labyrinthe souterrain des images morcelées de la ville fantôme. À travers la brèche du Net, elles me parviennent par bribes dans le chaos organisé auquel j'ai fini par m'habituer. Tous ces petits fragments visuels rescapés du siège, ces bouts de vie sans queue ni tête que nous assemblons les uns aux autres. Ensemble, nous recousons le drame, la folie, l'espoir.

Chaque vidéo est une nouvelle découverte. Cette impression étrange de détenir le code d'accès secret à Daraya, malgré l'interdit de Damas, pour explorer ses abysses. Au détour d'une énième séquence filmée, je découvre que la cave à livres s'est muée en un forum de discussion auquel participent sans distinction militants et combattants. Ce jour-là, le débat s'articule autour du bilan de la révolution. Les manifestants étaient-ils prêts ? Auraient-ils dû mieux s'organiser ? Auraient-ils pu éviter la violence, les centaines de milliers de morts, les déplacés, les exilés ? Malgré la cruauté de la guerre, aucun participant n'exprime de remords sur l'envie de changement affichée à l'orée du printemps 2011. Au cœur du débat, les mots « droit », « liberté », « réveil des consciences », résonnent en écho. Un jeune se lève. « La révolution, dit-il, nous a mis sur le droit chemin. » Un autre enchaîne : il est « fatigué », mais « sans regret ». La « démocratie », poursuit-il, demeure un objectif, un idéal en gestation. Un troisième s'adonne à l'autocritique : « J'aurais aimé qu'on soit mieux préparé à cette révolte, au niveau intellectuel comme religieux. On a manqué de temps, que ce soit pour ceux qui ont pris les armes ou ceux qui ont fait la révolution pacifique. Et je ne parle pas que de Daraya. À cause du manque de préparation, on est sous pression permanente, intérieure comme extérieure. » Il fait allusion à la brutalité du régime, mais aussi au théâtre de guerre par procuration qu'est devenu son pays : Iran contre Arabie saoudite, États-Unis contre Russie, sans compter tous les autres acteurs de ce conflit comme le Qatar ou la Turquie…

Je l'observe. Il porte un blouson kaki, un pantalon multipoches, l'uniforme des combattants de l'Armée syrienne libre. Est-ce la compagnie des livres qui offre à ce guerrier anti-Assad le recul nécessaire pour se remettre en question ? À moins que ce ne soit l'environnement singulier de la bibliothèque, si propice à l'échange et à la discussion : des débats teintés de nuances quand Damas ne veut voir qu'en noir ou blanc... Et les soldats d'Assad, à quoi pensent-ils depuis la base de Mezze ? Savent-ils penser en couleurs ? Ont-ils d'ailleurs le temps – et le droit – de lire des ouvrages autres que ceux qui leur sont imposés ? Seraient-ils, à leur tour, capables d'aspirer au changement s'ils en avaient le choix ?

En revisionnant cette séquence, seule devant mon ordinateur, je repense à cette phrase de Kafka dans sa « Lettre à Oskar Pollak » : « Un livre doit être la hache qui brise la mer gelée en nous. »

Les jours suivants, je constate que le temps passé à lire à la bibliothèque s'est réduit à cause du fracas incessant des barils. Les matins où le ciel se déchaîne sans relâche, elle reste fermée au public. Parfois, elle est investie par les enfants et les adolescents du quartier, venus « s'aérer » de leurs abris de fortune qui ne consistent, pour certaines familles, qu'en une minable souricière. L'un d'eux, Amjad, en a fait son nouveau repère. Ses amis l'ont même surnommé « le bibliothécaire ».

Quand l'antre de papier rouvre ses portes, à la moindre accalmie, le débat reprend aussitôt.

Voici une nouvelle vidéo : l'intervenant porte un t-shirt rouge, il demande aux participants de se diviser en petits groupes auxquels il distribue des bouts de carton, découpés sous forme de pièces de puzzle. « Vous avez quarante-cinq secondes pour les reconstituer. » Au bout du temps imparti, une seule équipe crie victoire. L'instructeur sourit : « Normal, elle était la seule à avoir vu le modèle avant de faire le puzzle. » Sa conclusion : « Quand tu n'as pas un plan précis dans ta tête, tes idées sont confuses. Si tu définis tes priorités, tu as moins de chance de te perdre. » Dans la salle, c'est le silence. Il ajoute : « Ne suis pas le groupe aveuglement. Explore de nouveaux lieux, de nouveaux espaces. » Ironique pour une ville assiégée, dépourvue d'issues de secours. Il surenchérit : « Ce qui importe, c'est la pensée. Ne laisse personne te manipuler pour servir ses objectifs. » À aucun moment, le nom d'Assad ou de Daech n'est prononcé. Dans l'assemblée, tout le monde a saisi le message : refuser la pensée unique et castratrice, ne pas tomber dans le piège d'une vérité falsifiée. Inclinés sur leurs carnets, les participants griffonnent de petites notes en hochant la tête.

Soudain, la lumière s'éteint. Lové dans un coin de la pièce, un rétroprojecteur se déclenche, transformant le mur blanc en un écran de cinéma. Dans cette bibliothèque multitâche, on regarde aussi des films ! Le court-métrage du jour s'appelle *2 + 2 = 5*. L'histoire d'un instituteur qui force ses élèves à répéter l'addition mensongère, sous peine de sanction. Cette fable sur la fabrication du mensonge par la force fait écho à la « fausse formule » évoquée dans l'incontournable *1984* de George Orwell. Le film, signé Babak Amiri, un réalisateur iranien en exil, a été téléchargé sur internet. Il porte un message d'espoir : à la fin de la leçon de mathématiques, un écolier blotti au fond de la classe défie l'ordre établi en rayant d'un coup de crayon le chiffre imposé pour le remplacer par un « 4 » sur son cahier. Tonnerre d'applaudissements dans la salle. Bercée par l'inaudible brouhaha, je lis cette phrase, rédigée en arabe, qui inonde le mur blanc : « Si tout le monde croit en quelque chose, est-ce vrai pour autant ? »

Au fond du trou noir de Daraya, les ressources de ces jeunes sont inépuisables. Dans ce sanctuaire encerclé par les ruines, ils démultiplient les références, explorent de nouvelles idées, enrichissent chaque jour un peu plus leur bagage culturel comme autant de petites bougies qu'ils allument pour trouver une porte de sortie dans la nuit. Une vie souterraine et clandestine, où le silence imposé par en haut se mue en un cri de fureur et de courage. Je les regarde. Ils ont la fougue de cet écolier qui résiste jusqu'au bout : défiant les diktats en vigueur, refusant de se laisser distraire par le bruit des canons, transformant la sombre réalité de la guerre en une épreuve à surmonter pour mieux avancer. Le temps d'un film ou d'une lecture, ils s'efforcent de rédiger une nouvelle page de l'histoire de leur pays.

Le chemin est escarpé et ils le savent. Loin des discussions souvent stériles de l'opposition en exil, loin des palaces de Genève et des scandales de corruption, ils avancent à pas menus, préférant s'enrichir d'une palette d'idées plutôt que de dresser des conclusions hâtives sur la couleur du futur drapeau, la place de l'islam dans la société ou le rôle des Kurdes dans la Syrie de demain.

Le fameux « modèle turc », érigé en exemple au début du printemps arabe, ne leur est pas indifférent. Ils ont tous, à un moment donné, voulu croire en cette possible synthèse entre « islam, démocratie et croissance ». Mais ils gardent un œil critique. « L'expérience turque est-elle adaptable à d'autres pays ? » s'interroge un militant de Daraya sur une énième vidéo. C'est Omar, l'Ibn Khaldoun en chef, qui lui répond en toute lucidité : « Oui, mais à condition de tirer les leçons des erreurs d'Erdogan. » Encore une fois, les questions s'enchaînent. Quelle suite donner à la contestation ? Comment accomplir la transition ? Quel régime mettre en place ? L'islam politique est-il soluble dans la démocratie ?

Leur soif d'apprendre est sans limite. Un matin de février, Ahmad me révèle l'existence d'un autre espace d'expression souterrain, inauguré fin 2015 à quelques encablures de la bibliothèque. Maintenu dans le plus grand secret, il héberge une seconde salle de débat où s'organisent par Skype des vidéoconférences destinées aux habitants de la ville. Assis face à un écran géant, ils ont carte blanche pour poser toutes les questions qu'ils souhaitent aux professeurs et dissidents en exil de tous bords qui défilent sous leurs yeux. L'occasion de poser les jalons d'un projet politique plus ouvert et tolérant que celui dans lequel ils ont grandi.

– Les semaines passées, nous avons reçu l'opposant laïc Burhan Ghalioun, ou encore le dissident d'origine chrétienne George Sabra, précise Ahmad. Nous avons même donné la parole à Huthaifa Azzam, le fils d'un ex-djihadiste d'origine palestinienne qui a rompu avec la violence prônée par son père : une façon de dissuader nos jeunes de s'intéresser aux idées radicales.

Par souci sécuritaire, aucune image de ces conférences à huis clos n'est sortie de la ville. Pour éviter d'attirer l'attention du régime, et surtout de ses hélicoptères cracheurs de barils, les organisateurs ont même renoué avec la vieille tradition du bouche-à-oreille lorsqu'ils annoncent les dates des débats.

– C'est une université comme on en a toujours rêvé. Un lieu pour apprendre, sans lignes rouges imposées à l'avance, loin de la censure, ouvert à tous les vents, explique Ahmad.

Hors d'atteinte, cette université clandestine est un espace de transgression. Une transgression par l'apprentissage. Sur le tableau noir de leur nouvelle partition, les frondeurs de Daraya peuvent enfin tracer des lignes de fuite qui chantent un avenir en cours de construction. Une mélodie fragile, celle d'une ville à l'agonie qui résiste au creux de l'obscurité.

Quand toutes les portes se referment, la moindre ouverture est une incroyable délivrance. En ce mois de février 2016 qui s'étire, Ahmad me fait part d'un ouvrage insolite qui bat tous les records de lecture à Daraya.

— Tu connais *Les Sept Habitudes* ? me lance-t-il un jour, derrière la vitre de nos échanges.

— Les quoi ? je réponds, étonnée.

— *Les Sept Habitudes des gens efficaces*, de l'Américain Stephen Covey !

Il a dit ça comme une évidence. Son pays est en guerre. Sa ville est au fond du gouffre. Daraya, prisonnière du vacarme, des explosions, de la fumée. Et voilà qu'au cœur du « *karkabeh* », Ahmad me parle d'un manuel de développement personnel, un de ces livres prisés dans nos sociétés occidentales où l'individu passe avant le collectif. Le best-seller international, dont je n'ai lu qu'un résumé, parle de construction de soi comme cheminement nécessaire sur la voie de la réussite et de l'efficacité personnelle. À Paris, Londres, New York ou Dubaï, les milieux d'affaires l'utilisent à l'envi. L'ouvrage a d'ailleurs été traduit en trente-huit langues, dont l'arabe. Mais de là à le retrouver sur les étagères de Daraya…

– Ce livre nous est précieux, précise Ahmad. C'est un peu notre boussole...

Ainsi va la vie à Daraya. Loin des clichés véhiculés par Damas, les prétendus « fous de Dieu » ont fait de la construction du « moi » leur nouvelle religion. Un processus personnel, qui contredit l'image de desperados assoiffés de sang et instrumentalisés par l'islam que le régime cherche à propager. Mais comment un tel ouvrage a-t-il bien pu atterrir sur la liste des lectures favorites ?

– C'est Ustez qui, le premier, nous en a parlé, répond Ahmad.

Ustez, le vétéran de la désobéissance civile de Daraya. L'infatigable professeur est décidément plein de ressources...

– La première fois qu'il l'a lu, poursuit Ahmad, c'est quand il était en prison à Saidnaya. Une révélation ! Pour éviter de flancher dans cet univers hostile, il en a fait son guide du savoir-vivre. Depuis, il a adopté la philosophie des *Sept Habitudes*, qu'il a tenu à nous faire découvrir.

D'un confinement à l'autre... Inspirés par l'expérience carcérale de leur maître à penser, les jeunes résistants de l'ombre ont ainsi mis l'ouvrage américain de « *self-help* » au service de leurs besoins. En Occident, il se feuillette quand on cherche une solution efficace aux crises passagères : divorce, rupture sentimentale, perte d'emploi. Des mots simples pour des maux connus. À Daraya, comme en prison, les lecteurs syriens y puisent, non pas une réponse préfabriquée, mais des clefs de survie dans un environnement hors norme. Ce livre, c'est le psychologue qu'ils n'ont pas, un compagnon rassurant dans les pires moments d'incertitude. Un palliatif salutaire au sentiment d'insécurité causé par la violence du conflit, mais aussi aux crises qui peuvent naître du « vivre ensemble » dans un espace clos. Car la guerre, omniprésente dans le quotidien de Daraya, n'épargne pas les tracas causés par une vie « engrillagée » : disputes, jalousies, désaccords politiques...

– Il m'a aidé à organiser mes idées. Mais aussi à appréhender la vie de groupe : comment accepter l'autre avec ses différences ; comment, aussi, entretenir un climat d'émulation sain entre nous tous.

De l'ouvrage, Ahmad s'est d'abord contenté d'un résumé offert par Ustez. Le recueil ne figurait pas sur la liste des livres exhumés des décombres. Pour pouvoir le lire dans son intégralité, c'est internet, une fois de plus, qui a éclairé son chemin. Après quelques recherches dans les méandres de Google, le PDF des *Sept Habitudes* est apparu sur son écran. Ne restait plus qu'à le télécharger et l'imprimer. Mais à Daraya, coupée du monde, le papier est un produit aussi rare que précieux. Ahmad eut alors l'idée de publier quatre pages en une, sur un format A4. Des colonnes d'écritures miniatures serrées comme des sardines et reliées entre elles à la façon de ces pamphlets clandestins qui circulaient sous le manteau avant la révolution.

– Même s'il faut plisser les yeux pour le lire, tout le monde se dispute l'ouvrage. C'est dire le succès des *Sept Habitudes*. Pour faire face à la demande, on a fini par en faire un second tirage. Il a même inspiré deux cycles de conférences : d'abord dans l'enceinte de la bibliothèque, puis dans le nouveau souterrain dédié aux débats. C'est Yasser al-Aiti, spécialiste du monde arabe, qui en assure la présentation par Skype. Ce livre est un vrai phénomène ! concède Ahmad.

Écorné, déchiré, décoloré, l'ouvrage passe inlassablement de main en main. Il se lit, se relit, se brandit comme un totem. En cet hiver particulièrement meurtrier de l'année 2016, il a ce quelque chose de rassurant qui raccroche ses derniers habitants à l'espoir que le conflit, qui dure depuis maintenant cinq ans, finira bien par se terminer un jour. S'imprégner de ses idées, c'est renvoyer la guerre à une dimension provisoire. C'est renouer avec une certaine normalité, mettre à distance la violence des bombardements et la confrontation quotidienne à la mort. C'est palier l'impatience des combattants qui n'avaient pas prévu que le siège serait si long. C'est aussi et surtout se réfugier dans des mots plus terre à terre quand le roulis incessant des bombes vous force à renoncer à la compagnie des ouvrages de littérature et de réflexion politique. Au fond du gouffre, un divan virtuel pour apaiser les âmes torturées.

Le 27 février 2016, Daraya se réveille dans un étonnant silence. Pas une seule traînée de poudre dans le ciel, pas un tir, pas même le cri d'une sirène ou le ronronnement d'un hélicoptère. Un calme soudain, presque inquiétant, enveloppe l'enclave assiégée. La rumeur, confirmée au bout de quelques heures, évoque un cessez-le-feu : au terme de laborieuses négociations, Washington et Moscou ont fini par conclure une trêve entre pro- et anti-Assad sur l'intégralité du territoire syrien. Les bombes se sont tues. La guerre a été mise entre crochets. Du moins provisoirement. Une nouvelle page pour Daraya ?

Avec la trêve, un semblant de vie se réinstalle dans l'enclave de Daraya. Comme ces herbes folles qui poussent entre les ruines, les derniers habitants s'échappent enfin des sous-sols de la cité martyre. Une tête, deux têtes, trois têtes, mille têtes… Les yeux froncés, la peau fanée, ivres de fatigue, ils hument l'odeur de la normalité, sondent le silence, cherchent l'anomalie. Au bout du fil, Ahmad a retrouvé le sourire. D'une voix enjouée, il détaille son quotidien sans coups de tonnerre.

À part quelques tirs d'artillerie, la ville a retrouvé son calme. Enthousiaste, il me raconte les petits attroupements aux carrefours, les panneaux qui fleurissent au coin des rues, la parole qui se dérouille, les slogans qui surgissent à nouveau comme on renaît à la vie. Dans ma boîte aux lettres électronique, saturée des photos qu'il m'envoie, un jeune brandit une pancarte. « J'aimerais être une bougie dans le noir ». C'est un poème du palestinien Fayeq Oweis calligraphié en arabe. Sur une autre image, un bout de carton tremble entre les mains d'une jeune fille voilée de blanc. Je lis : « Je ne suis ni le Front al-Nosra ni Daech. Je suis juste une fille qui subit le siège de Daraya. » Entre vers improvisés et pamphlets politiques, les panneaux fêtent les retrouvailles du mot « liberté ». Un air de révolution, comme à ses débuts, susurre Ahmad. Et ce frisson identique à celui du premier jour.

Au-dessus des têtes, le ciel est d'un bleu presque blanc à force de soleil. Un printemps précoce, comme impatient d'éclore. Sur chaque image reçue, ces petits signes d'un bonheur retrouvé. Des gamins escaladent la carcasse d'une balançoire désossée. Des adolescents envahissent une place esseulée. Un chat passe. Un oiseau se prélasse sur un câble arraché. Ahmad me raconte que la bibliothèque a retrouvé son rythme de fréquentation. Que les livres valsent de nouveau de main en main. Qu'après de longues semaines d'interruption les trois écoles de la ville ont rouvert leurs portes. Dans les salles de classe, les enfants se remettent à lire et à écrire, les garçons se chamaillent, les filles se fabriquent des bracelets avec des bouts de rien. Il fait encore froid, mais les cœurs ont chaud. Ils ont chaud du retour au chahut coutumier et réconfortant. Ils ont chaud des rires. De l'envie d'apprendre, de continuer, d'avancer. Tout simplement d'exister ! Je l'écoute et j'imagine les petits doigts qui se lèvent au-dessus de la poussière des pupitres, la maîtresse qui cherche à faire le silence, les questions qui fusent, leur écho sur les murs déchiquetés. Le 2 plus 2 qui fait 4, et non pas 5. L'école, la vraie. Sans filtre ni fausse myopie.

Les femmes, ces grandes « invisibles », font enfin leur réapparition dans la rue. Ombres échappées des ténèbres, elles s'aventurent de nouveau en dehors des abris. Sortir n'est plus une épreuve. Elles respirent de l'absence du vacarme d'acier, retrouvant le chemin des conversations anodines, tissées de ces menus problèmes qui font le sel de la vie. Finies, les nuits blanches, les larmes inconsolables des filles et des garçons paniqués, la hantise de s'endormir pour ne jamais se réveiller. Jour et nuit, le lait coule à nouveau des poitrines des jeunes mères, incapables d'allaiter sous les bombes. Poussant de vieux landaus rouillés, les plus enhardies exhibent leurs nourrissons comme des trophées. Quelque six cents bébés ont vu le jour depuis le début du siège. Nés pour la plupart au fond des trous, ils goûtent pour la première fois à la lumière naturelle. Ils pleurent, crient, babillent. On dit que la vérité sort de la bouche des enfants : quel meilleur moyen que ces gazouillis pour contredire le régime qui s'obstine à répéter que Daraya n'est plus habitée par aucun civil…

Après des mois d'enfer, les insoumis de Daraya relèvent enfin la tête. Ils exhument leurs rêves. Bâtissent des projets. De vie. De mariage. De carrière professionnelle. Toujours aussi précis dans sa narration, Ahmad s'applique à donner des nouvelles des uns et des autres. Ustez, le professeur, a profité du répit inespéré pour lancer un nouveau séminaire de conseil en relations conjugales pour ceux qui osent, enfin, songer aux fiançailles ou au mariage. Omar a retrouvé la bibliothèque. Après un temps d'interruption, il y lit de plus belle, y dispense aussi de nouvelles conférences. La soif d'apprendre et de partager cousue aux tripes. L'envie de se défouler, aussi. Au milieu d'un champ de ruines, un terrain de football voit le jour. À la hâte, les trous sont rebouchés, les remblais de terre aplanis, les gravats balayés. Huit équipes de dix participants sont formées. Dans chaque groupe, des combattants, des activistes, des badauds. Les matchs amicaux se jouent en t-shirt face à un public de curieux, assis sur des gradins improvisés. Soudain, c'est le temps de tous les possibles. Le futur remplace le conditionnel. Vivre au présent a de nouveau un sens. Sur le *dress code* de la ville, même la grammaire a revêtu des atours printaniers.

Les murs aussi chantent le renouveau. Au détour d'une rue, au bord d'un trottoir éventré, parfois au pied d'une façade dentelée, surgissent des pétales de poèmes, des constellations de pochoirs, des boucliers de mots... Avec ses tubes de peinture, Abou Malek al-Chami, le graffeur de la bande, arpente la ville pour y peindre l'espoir en couleurs. Sur une façade déchirée par le souffle d'une explosion, il a croqué une fille de 4 ou 5 ans en robe bleue et jaune. Perchée sur une colline de têtes de morts, elle inscrit de sa main potelée le mot « HOPE », en lettres capitales. Cette fresque est une leçon d'optimisme. Une empreinte contestataire sous forme de pied de nez à la guerre.

Un autre dessin mural, photographié par Ahmad, retient mon attention. C'est une salle d'école aux fenêtres dépecées. Carcasses de pupitres et squelettes de chaises en ferraille s'y disputent le plancher. Au fond, un tableau noir sur lequel Abou Malek al-Chami a fait glisser sa craie de droite à gauche. Je déchiffre sa prose rédigée en arabe : « Avant, on blaguait en disant : pourvu que l'école s'effondre. Et elle s'est effondrée. » L'autodérision, cet autre étui de protection. Mon regard pivote un peu plus vers la gauche, où l'illustration se poursuit : elle représente un garçon en haillons, pieds nus et sac au dos, qui écrit « Daraya » en lettres rouge sang. Je pense à cet autre activiste graffeur, Madjd Mohadamani, tué le 19 février 2016 par un obus tiré par un char de l'armée, dont Ahmad m'a récemment parlé. Et je pense aussi, inéluctablement, à ces adolescents de la ville de Deraa dont l'arrestation pour avoir réalisé des graffitis anti-Assad déclencha l'insurrection de 2011.

Ce dessin comme une façon de leur rendre hommage.

L'envie, aussi, de dire : « Nous sommes debout. »

Malgré ses ecchymoses, Daraya s'obstine à célébrer la vie.

Samedi 19 mars 2016. Je reviens d'un reportage à Izmir, la ville balnéaire turque d'où partent les rafiots de réfugiés syriens dont beaucoup chavirent en mer. Des centaines de morts ensevelis sous les vagues. L'autre versant de la guerre, redoutable et invisible. Ma fille, 4 ans, m'attend à Istanbul, ses petits bras tendus vers mon cœur. Moi, j'ai le cœur gros. Je sais qu'à son âge tant de gamins ont fini au fond des eaux. Comme d'habitude, Samarra veut tout savoir de mon reportage. À 4 ans, la vie est un catalogue de questions. Dans mon smartphone, je lui montre les gilets de sauvetage flanqués de la frimousse de Hello Kitty – ceux qui sont vendus pour les enfants, avant la dangereuse traversée clandestine vers la Grèce. Naturellement, je ne lui parle pas de naufrage, ni de mort. Je me contente de lui montrer son petit chat préféré. Elle sourit. Et elle me rappelle que c'est samedi, et qu'à 11 heures c'est l'heure du conte à l'Institut français. Cet instant si précieux, qui n'appartient qu'à nous deux. Nous enfilons nos manteaux, chaussons nos bottes – la météo annonce de la pluie – avant de descendre dans la rue. Sa main dans la mienne, nous arpentons les allées qui mènent à Taksim. En traversant la place, bondée, nous croisons le vendeur de simits près du vieux tramway rouge. Des touristes français font des selfies. Un visiteur iranien cherche son chemin. Des Saoudiennes drapées de noir hèlent un taxi. De l'autre côté, à l'entrée de l'avenue Istiklal, un mendiant syrien chantonne une mélodie contre quelques pièces de monnaie. À ses pieds, des pigeons picorent des miettes de pain.

Il est 10 h 57. Dans trois minutes, le conte va commencer. Au début d'Istiklal, je pose le pied sur la première marche de l'Institut. Derrière moi, la petite voix de Samarra fredonne « Quelle belle journée ! ». Sur le perron, je tends mon sac au préposé à la sécurité. Il n'a pas le temps de l'ouvrir. L'air s'est déchiré. D'une traite. Un hurlement de métal. Violent. Intrusif. Je me retourne, sonnée. L'avenue piétonne est une vague de panique. Les gens foncent tête baissée en direction de Taksim. Un troupeau affolé. L'explosion était si proche. Inattendue. À une dizaine de mètres – peut-être moins ? Je ne bouge plus, Samarra blottie contre moi. Le garde de l'Institut nous pousse vers l'intérieur. Les portes se referment derrière nous. Dehors, c'est le vacarme. Un brouhaha d'inquiétude et d'incompréhension. Le chaos sur les pavés.

Samarra me tire par la manche : « C'était quoi ? » La rassurer, à tout prix. Contourner la question. Penser à la vie, celle qu'on a pu sauver. S'accrocher au mot « espoir », celui d'un graffiti lointain. Évoquer des feux d'artifice. Et lui rappeler qu'il est 11 heures, l'heure du conte. Prendre sa petite main. Traverser le jardin qui mène à la médiathèque. Descendre les marches. Pousser la porte vitrée qui conduit aux ouvrages. En bas, personne n'a entendu la détonation. Les livres ont fait rempart. Un bunker de papier. Il est 11 h 05 et je souffle à l'oreille de Julie, la conteuse, ce qui vient de se passer en laissant échapper le mot « bombe ». Elle fronce les paupières. Se redresse. Frappe dans les mains. « Allez ! le conte va commencer. » Son sang-froid est exemplaire. Alignés sur le banc, les enfants font le silence. C'est l'heure du conte, et, aujourd'hui, c'est l'histoire d'Alfred, le chien qui pue. C'est l'heure du conte, et, dehors, les ambulances sont en furie. C'est l'heure du conte, et Alfred est un chien gourmand qui aime manger des os. C'est l'heure du conte, et les nouvelles s'affolent sur mon smartphone. Attentat confirmé. Un kamikaze. Au moins quatre morts. Des dizaines de blessés. Daech incriminé. Alfred aboie. Hurlement de sirènes. Julie raconte. Bourdonnements d'hélicoptères. Julie tourne les pages. Rires d'enfants. Alfred est un chien magique qui transforme les visages en soleil. Derrière la muraille de livres, Istanbul saigne, touchée au cœur. Les étoiles de la fiction contre les étincelles de la réalité.

Il est 11 h 45, et le conte est bientôt terminé. Et après ? Cette farouche envie de ne pas remonter à la surface, de prolonger au maximum cette parenthèse de sérénité, de rester au fond du trou pour écouter d'autres histoires. De chiens. De chats. D'escargots. De poux. Boulimie de papier. Besoin de lire tous les recueils à portée de main. Jusqu'à la nuit tombée. Y a-t-il quelqu'un, dehors, pour éteindre les sirènes ? Pour empêcher la police de hurler ? Pour dire à mon rédacteur en chef que, cette fois-ci, le reportage attendra ? Il est trop tôt pour sortir d'ici. Pour confronter les enfants à la réalité. Pour les amputer de leur droit à rêver – à espérer ! Les livres comme un écrin de réconfort. Le préposé à la sécurité a d'autres priorités. Il dit qu'il a reçu pour consigne de faire évacuer la bibliothèque. Au plus vite. Suivez-moi. Longez le mur. À la queue leu leu. Marchez jusqu'au fond du jardin. Sortez par la porte de derrière. Allez, plus vite. Et bon vent !

Il est 12 heures. À part quelques mouettes affolées, la place Taksim est un désert. Jamais elle n'a semblé si longue à traverser. Dans mes bras, Samarra glisse : « Je crois que c'est la première fois que j'entends une explosion. » Que lui répondre ? Je ne dis mot. De toute façon, le ronron des hélicoptères aurait mangé ma réplique. Cette fois-ci, elle me demande pourquoi ils encombrent le ciel. « À cause de l'orage… Tu te souviens, ce matin, quand tu as mis tes bottes ? » C'est le premier mensonge qui me vient à l'esprit. Après tout, c'est l'heure du conte.

De retour à la maison, l'envie folle de les appeler. Ahmad, Shadi, Abou el-Ezz, Omar. Leur raconter ce qui s'est passé. La violence qui nous a rapprochés. Leur dire la peur de mourir, le réconfort des ouvrages, la fiction comme évasion, le refuge de papier. Leur dire ce qu'ils savent déjà, ce qu'ils vivent chaque jour, chaque heure, chaque minute depuis maintenant trois ans. À quoi bon ? L'attentat d'Istiklal n'est qu'un fait divers comparé à l'enfer de Daraya.

Deux semaines plus tard, le 5 avril, un nouveau courriel m'arrive de Daraya. Cette fois-ci, c'est une missive collective. Un cri de détresse signé par quarante-sept femmes de la ville.

> *Nous sommes les femmes de la ville assiégée de Daraya en Syrie et nous vous adressons un appel urgent pour sauver notre ville. La tragédie syrienne continue avec ses scènes de bombardement à répétition, de destruction, et son implacable siège. Notre ville a été le témoin du pire pendant trois années consécutives. Les civils ont dû payer le prix fort à cause de la politique de la famine. Notre ville souffre d'une pénurie générale, du plus simple produit de base, comme le sel de table, aux plus complexes tels que les moyens de communication avec le monde extérieur.*
>
> *La situation s'est largement aggravée depuis que Daraya a été coupée de la ville de Moadamiya. La ville a été complètement verrouillée, même pour les civils qui tentent d'y fuir. Nous sommes désormais livrés à nous-mêmes avec une population de huit mille personnes. Ces derniers temps, il n'y avait plus de vie en dehors des sous-sols à cause de la peur d'être bombardé.*
>
> *Après la cessation récente des hostilités, le calme est revenu en ville. Pourtant, il n'y a guère plus de vie en*

dehors des abris parce que tous les bâtiments ont été violemment détruits.

Nous lançons un appel à tous ceux qui voient ce qui se passe, de près ou de loin : nous avons un besoin urgent d'aide.

Il n'y a pas de nourriture à Daraya. Il y a des cas de malnutrition et nous nous contentons de soupes faites d'épices pour tenter de nous rassasier. Certaines signataires de cette lettre n'ont pas mangé depuis deux jours – parfois plus.

Il n'y a plus de lait en poudre pour les enfants. Les femmes ne peuvent plus allaiter à cause de la malnutrition. Même un produit de base comme le liquide vaisselle n'est plus disponible. Nous manquons même de produits nettoyants pour garantir l'hygiène et éviter les épidémies.

Nous, les femmes de Daraya, demandons :

– Une levée immédiate du siège de tous les côtés de la ville.

– L'ouverture des routes et l'entrée des produits de première nécessité, de la nourriture aux médicaments en passant par l'eau potable, les vêtements, les chaussures et les produits d'entretien.

Nous supplions les Nations unies et toutes les organisations humanitaires d'entrer immédiatement dans la ville pour venir au plus vite en aide à tous ceux qui sont touchés.

Nous implorons les journalistes d'écrire sur Daraya et d'attirer l'attention sur le sort de notre ville avant que la famine ne se généralise. Nous sommes à deux doigts d'assister à des décès causés par la faim. Les nourrissons et les personnes âgées seront les premiers à succomber. Nous vous en supplions, faites le nécessaire avant qu'il ne soit trop tard.

Je déchiffre une à une les signatures qui ont été apposées au pied de la missive : Sawsan, Khadidja, Azizah,

Mouna, Ikram, Samar, Najaa, Amal, Malak, Amani, Kinaz, Samira, Rama, Haifa, Fatemah, Maha, Merzat, Nour, Joumana, Afraa, Ghada, Khouloud, Warda, Loubna, Amenah, Ayat… Enfilade de noms écrits à l'encre de sang comme un ultime SOS lancé à la face du monde.

C'est la première fois, je crois, que les « invisibles » brisent leur silence. Qu'elles sortent de l'anonymat, au risque d'atterrir sur une liste noire du régime.

J'ose à peine imaginer l'ampleur du désespoir qui les habite pour qu'elles en arrivent à rompre avec leur traditionnelle discrétion.

Leur lettre est une mise à nu, dégagée de toute nécessité de plaire, de séduire, de manipuler.

Je ne connais rien d'elles. Je ne les vois pas. Mais je les entends. Je les devine. Femmes au foyer, enseignantes, sages-femmes, activistes. Je devine leur détresse au quotidien. Je devine leur fatigue, les fausses couches, les bébés prématurés, les serviettes hygiéniques qui viennent à manquer. Je devine le pipi au lit des enfants paniqués, les insomnies des mères trop agitées, les larmes dans l'obscurité. Tous ces malheurs qui ne se disent pas, que la guerre étouffe, pour mettre en valeur la bravoure des combattants. Mais, derrière le triomphe des hommes, il y a aussi la souffrance au féminin.

À chaque guerre, sa part de féminité cachée… Quelques jours après la réception de cette missive au pluriel, je fais la connaissance d'Hussam Ayash, un autre pilier de la jeune bande de Daraya. Avec son parfait anglais, appris grâce aux livres, il chapeaute la communication du conseil de la ville, diffusant les communiqués, traduisant les courriers, répondant aux questions des journalistes étrangers. Derrière la fenêtre de Skype, Hussam donne l'impression d'être perdu dans son t-shirt bleu Adidas. « En trois ans, j'ai perdu dix-huit kilos », énonce-t-il. À 32 ans, il fait 1 m 80 pour 62 kilos ! Mais, sous ses yeux creusés par la fatigue et la faim, son sourire triomphant illumine l'écran.

– Les jours de désespoir, je regarde vers l'avenir, lâche-t-il avec fougue.

Son avenir s'appelle Zeina, une jeune Syrienne de la banlieue de Moadamiya, aujourd'hui réfugiée à Istanbul. Quand il la rencontre, fin 2015, peu avant l'encerclement de Daraya, c'est aussitôt le coup de foudre. Au bout de quelques semaines, les deux amoureux se fiancent à mi-chemin entre les deux cités rebelles, scellant leur passion autour de la promesse d'un soutien mutuel. Mais chaque retrouvaille est une dangereuse aventure. Hussam doit se faufiler jusqu'à Moadamiya. Il doit braver la menace des canons des soldats d'Assad qui surveillent de leur colline les allées et venues clandestines entre les deux villes voisines. De l'autre côté, Zeina l'attend, le cœur battant, sous son voile. Un tête-à-tête furtif, le temps de se serrer pudiquement la main ou d'échanger quelques mots doux. Rien de plus. La pénurie qui sévit à Daraya prive le jeune homme du plaisir d'offrir à sa promise le moindre présent. « Entre nous, on s'était fixé une règle : pas de cadeau ! » explique Hussam. Au bout de la troisième rencontre, Zeina finit pourtant par briser le pacte.

– Ce jour-là, elle m'a surpris en m'offrant deux livres, raconte Hussam.

De l'autre côté de la vitre, il brandit l'un des deux ouvrages comme un précieux trésor. Je déchiffre le titre : *Psychology and You*, de Julia Bergman. Un présent prémonitoire ?

– C'était à la veille de la fermeture du dernier passage entre les deux villes, se souvient parfaitement Hussam. À la veille, aussi, du départ de Zeina pour la Turquie, où ses parents l'ont poussée à les suivre contre son gré.

Depuis ce départ précipité, les deux tourtereaux ne se sont jamais revus. Mais l'ouvrage en question ne le quitte plus. Une preuve d'amour. Un réconfort salutaire au cœur de cette guerre sans fin. Le catalyseur, aussi, d'une relation épistolaire qui n'a jamais cessé de graviter autour de la lecture.

– Les livres sont devenus notre dénominateur commun. Quand on n'arrive pas à se joindre, on bouquine chacun de notre côté. Puis on s'échange des fiches de lecture qu'on commente en direct dès qu'on retrouve le contact sur Skype ou WhatsApp. Les livres nous rapprochent. Ils sont un pont entre nous.

Les deux jeunes amoureux savent si peu l'un de l'autre. Ils sont d'ailleurs très différents, y compris en matière de goûts littéraires…

— Zeina est fan de romans à l'eau de rose. Elle en raffole ! Moi, je suis plutôt attiré par les ouvrages qui traitent de relations humaines.

Et pourtant, cette envie folle de s'aimer dans l'urgence, de flirter avec l'inconnu. De se projeter à deux dans un avenir, certes incertain, mais chargé de rêves communs. Sur les conseils d'Ustez, Hussam a dévoré *Les hommes viennent de Mars, les femmes viennent de Vénus*, de l'Américain John Gray, emprunté à la bibliothèque et qu'il s'est empressé de faire lire à sa dulcinée.

— Ça nous a aidés, l'un et l'autre, à appréhender nos différences, à gérer la complexité de notre amour à distance.

Mais il leur faut aussi s'adapter aux angoisses générées par la guerre. Surtout Zeina, dont l'exil en Turquie n'a fait qu'augmenter l'inquiétude.

— Je réalise à quel point la guerre est plus pénible à vivre pour la personne qui en est éloignée. Pour moi, la guerre fait partie de mon quotidien. Elle est mon quotidien. Je l'ai choisie et acceptée. À vrai dire, j'ai perdu la notion de peur.

Un silence s'est cramponné à sa dernière syllabe, aussitôt rattrapé par un fou rire dont les éclats se projettent jusqu'aux parois de mon bureau. Je le regarde. Hussam rit à gorge déployée. Il rit avec la fougue de ceux qui s'accrochent désespérément à la vie. Qui tournent fièrement le dos à la mort. Ce qui frappe, chez Hussam, c'est son aisance à prendre du recul sur la difficulté du vécu. À accepter l'absurdité du quotidien, à la railler s'il le faut. Quand je lui fais remarquer qu'il a la maturité d'un vieux sage, il me répond d'un air détaché :

– Oh, vous savez, je suis né en 1984, l'année du roman de George Orwell. Ma vie était condamnée à ne pas être simple ! En quatre ans, j'ai vieilli d'au moins quarante ans…

Hussam marque à nouveau une pause. Je le fixe. Parcouru de discrètes rides, son visage est une page d'histoire. En quatre ans, il a tant vécu : les premiers soubresauts révolutionnaires ; la prison pour avoir refusé de tirer sur les insoumis lors de son service militaire ; l'attaque au gaz sarin, au cœur de l'été 2013, qui faillit lui voler la vie pour de bon. Même son nom – un pseudonyme – est un chapitre à lui seul : il l'a emprunté à Hussam Ayash, le premier martyr de Deraa, la fameuse ville d'où partit la révolte de 2011.

– Parfois, poursuit Hussam, j'ai l'impression d'être devenu insensible. Heureusement que Zeina est là pour me rappeler ce qu'est la normalité.

Zeina, sa muse virtuelle. Sa part d'humanité, celle qui l'aide à garder les pieds sur terre, quand la guerre cherche à dévorer ses émotions. Elle est sa seconde moitié, ces larmes qu'il n'a plus, cette fragilité des jours inquiets quand, au bout d'une ligne aléatoire, elle lui souffle qu'elle l'aime. Qu'elle tient à lui. Qu'elle l'attendra jusqu'à la nuit des temps, malgré leurs querelles et leurs différends.

– Si je ne l'appelle pas régulièrement, c'est la catastrophe ! rigole-t-il. Zeina a ce pouvoir de m'aider à rester ancré dans le réel. Et quand nous ne parvenons pas à nous contacter, les livres me soufflent le reste. Ils me donnent l'impression de redevenir cet étudiant que j'étais, de ressembler à n'importe quel jeune homme du monde entier. Ils m'arrachent, l'espace d'un instant, à cette vie déformée qui est devenue mienne.

Dans cette ville aux belles invisibles, c'est donc la compagnie – virtuelle – d'une femme qui l'aide à endurer le conflit. Son amour pour Zeina lui donne un but. Un objectif qui se dessine au-delà du front. Le songe d'une vie à deux, de l'autre côté du mur de la guerre.

– Bonjour, ça va ?
– Bonjour Ahmad. Quelles nouvelles ?
– Devine quoi : un convoi humanitaire des Nations unies et du Croissant-Rouge va enfin pénétrer Daraya !
– Vraiment ?
– Leur arrivée est imminente. Une question d'heures… ou de jours…
– Bonne nouvelle ! L'appel à l'aide de Daraya a enfin été entendu !
– Oui, sauf qu'ils viennent de nous annoncer qu'il n'y aura pas de nourriture. Seulement des kits de santé, des contraceptifs et des bandeaux de test de glucose… C'est de sucre, plutôt, dont on aurait besoin !

Nous sommes le 11 mai 2016. L'échange matinal sur WhatsApp n'est que le point de départ d'une série de fiascos qui va accélérer encore un peu plus la descente aux enfers de Daraya. Après plus de vingt-quatre heures d'attente, le premier convoi humanitaire en trois ans et demi s'approche enfin de l'enclave. À l'issue d'interminables négociations, le régime a enfin donné son feu vert en posant ses conditions : pas de nourriture, à l'exception du lait en poudre pour bébés. Mais, à la dernière minute, les soldats du régime imposent à leur tour leurs règles : seuls les vaccins sont autorisés à passer. Les Nations unies refusent le chantage et rebroussent chemin.

Quelques minutes plus tard, la sinistre mascarade prend une tournure encore plus tragique : neuf obus d'artillerie s'abattent à l'emplacement où les habitants de Daraya s'étaient regroupés dans l'attente du convoi.

– À la place des provisions tant attendues, nous avons eu droit à des coups de canon ! s'emporte Ahmad.

Il est 21 heures, ce 12 mai. Et l'attaque est fatale : elle arrache un père et son fils à la vie. Humiliés jusqu'à leur dernier souffle. Morts pour avoir osé rêver de se remplir le ventre.

Quelques jours plus tard, Ahmad se ressaisit. La cruauté, aussi tragique qu'absurde, à laquelle sa ville est soumise lui a inspiré la réalisation d'un vidéoclip qu'il m'envoie par e-mail le 16 mai. J'ouvre le fichier. Un groupe de gamins, à peine plus âgés que ma fille, Samarra, pétrissent de la terre au-dessus d'un matelas qui leur sert de table. Derrière la caméra, on entend la voix d'Ahmad : « Que préparez-vous ? » Une fillette répond : « Un gâteau ! » « Et comment allez-vous le cuire ? » enchaîne Ahmad. « Oh, en le faisant sécher au soleil ! » explique une autre. Puis, de leurs petites mains innocentes, ils s'emploient à déverser la pâte dans des moules à tarte, avant d'y ajouter des fleurs en plastique en guise de décoration. À défaut de farine, ils ont confectionné des « œuvres d'art » pour se moquer de leur malheur !

Étonné de ma surprise, Ahmad décrète :

– Tu sais pourquoi nous faisons preuve d'une telle imagination ? Parce qu'il faut bien qu'on trouve un moyen de faire passer notre message à la communauté internationale pour qu'on nous écoute enfin. Si cela ne dépendait que de moi, je dormirais une semaine d'affilée...

Mais le sommeil est un luxe qui ne se négocie pas. Interdits de manger, les habitants de Daraya sont aussi frappés par l'interdit de dormir. De respirer ! Quinze jours plus tard, à la fin du mois de mai 2016, la trêve vole en éclats. Au-dessus des « nombreuses maisons », le ciel repasse à l'orage. Un déluge de barils brise-nuages, de bombes casse-partout, de crachats sème-la-mort. Les hélicoptères ont à nouveau perdu la tête, déchirant l'air, déversant leurs stocks de ferraille, menaçant de leurs palmes arrogantes le moindre recoin de la ville.

– Assad veut nous rendre fous, s'époumone Ahmad. Après plusieurs tentatives ratées, je suis enfin parvenue à le joindre par Skype. L'épuisement a tracé des cercles bleutés autour de ses yeux. Avec la reprise des bombardements, il ne ferme plus l'œil. Je ne l'ai jamais senti aussi éreinté. Entre deux explosions, il me décrit l'horreur en direct : les habitants ensevelis sous les décombres, les volontaires de la défense débordés par les blessés qu'il faut soigner à la hâte, le manque d'anesthésiant. Un air de déjà vu. Le cauchemar qui se répète. En pire.

Ahmad m'envoie des photos du cimetière. Au carré des martyrs, qui s'élargit à vue d'œil, les enterrements se pratiquent à la chaîne. Ni prière d'adieu ni pierre tombale. Un simple monticule de terre en guise de sépulture. Et un morceau de carton frappé du nom du défunt en lieu et place d'une pierre tombale. Les linceuls sont en rupture de stock. Ils se confectionnent à la va-vite à partir de draps, de bouts de rideaux, de nappes de table. « Parfois, nous enterrons les corps sans avoir le temps de les envelopper dans un tissu », glisse Ahmad.

À Daraya, maintenant détruite à 90 %, il n'est même plus permis de mourir dignement.

Alors que la ville replonge en enfer, la pénurie se généralise. Privés d'eau courante et d'électricité depuis 2012, les habitants manquent de tout : essence, vivres, papier toilette. Même les sacs et les containers d'eau en plastique, qu'ils avaient pris l'habitude de brûler pour faire du mazout, se font rares. Pour affamer encore plus la population, le régime a poussé le vice en bombardant à l'arme incendiaire les champs environnants.

– Les enfants qui sont nés sous le siège ne savent même pas à quoi ressemble une pomme ! rapporte Ahmad.

Il s'interrompt. Un silence de plomb. Puis, d'une voix d'outre-tombe, il passe en revue les cas de malnutrition, les enfants qui ont cessé de grandir, la peur d'un désastre humanitaire. Sa cité martyrisée risque de subir le même sort que Madaya. Dans cette ville également encerclée par les forces de Damas, une trentaine de personnes sont mortes de faim en 2015. À l'ombre des caméras, dix-sept autres enclaves vivotent dans les mêmes conditions : quinze d'entre elles sont assiégées par le régime, et les deux autres par les rebelles islamistes du Front al-Nosra. La faim est une arme de guerre. Une arme particulièrement efficace. Elle ne se voit pas. Mais elle grignote les corps à petit feu. Une stratégie destructrice, parfaitement calculée pour contrôler l'homme par le ventre.

Le 1er juin 2016, une première livraison d'aide humanitaire arrive enfin à Daraya.

– Il était temps ! s'enthousiasme Ahmad, dans un bref message.

La joie est de courte durée. À la place des denrées alimentaires tant attendues, les cinq camions ont apporté des colis de shampooing, de moustiquaires en plus de quelques fauteuils roulants, médicaments et boîtes de lait pour nourrissons. Au grand dam de la population. L'incident achève de ternir la réputation des Nations unies. Taxées d'immobilisme face à un gouvernement peu enclin à coopérer, elles ont perdu le peu de crédibilité qui leur restait.

Depuis ce énième fiasco, trop discrètement condamné par la communauté internationale, Ahmad a cessé d'attendre. Il regarde la vie en face, sans aucune forme d'illusion.

– Nous ne pouvons compter que sur nous-mêmes. Le monde entier nous a abandonnés, dit-il.

Comment survivre à l'absurde ? Comment conjurer la faim ? Comment ne pas céder à l'angoisse et à la fatigue ? Comment défier la violence quand elle s'insinue dans tous les recoins de l'existence ? Ahmad me raconte que, pour ne pas sombrer, chacun s'invente des mécanismes de survie. Entre deux bombes, Hussam étudie d'arrache-pied, le nez collé à son ordinateur et les yeux rivés vers un avenir incertain. Il s'est récemment inscrit à l'université Roshd, qui dispense des cours à distance. Shadi, lui, court toujours après les bombes : il s'obstine à tout filmer, tout documenter, obsédé par ce besoin d'archiver en direct les crimes commis par le régime. S'il disparaît, il restera au moins quelques traces, se dit-il. Avec ses camarades du conseil local, ils ont même dessiné un plan précis du cimetière des martyrs, afin de pouvoir identifier chaque tombe en cas de bombardement des sépultures. La guerre leur a appris à penser à tout.

Et la bibliothèque ? Elle est toujours là, confinée dans son modeste sous-sol, avec ses rangées d'ouvrages, son rétroprojecteur, ses canapés à fleurs, ouverte au public de manière intermittente. Mais Omar y a laissé un grand vide depuis qu'il s'est installé à plein temps sur la ligne de front. Là-bas, les soldats anti-Assad ont subi d'énormes pertes et les munitions commencent à manquer. Impossible de s'échapper, même une minute, de la zone de combat. Pour autant, Omar reste fidèle à ses ouvrages, préférant la compagnie d'Ibn Khaldoun et de Nizar Kabbani aux très rares pauses autour d'un thé brûlant. Il doit être l'un des derniers habitants de Daraya à ne pas avoir renoncé aux essais politiques. Les autres lecteurs manquent de concentration. D'enthousiasme. Même les livres de *self-help*, pourtant si convoités, n'ont plus le même succès.

Ahmad me fait une confidence : dans ces moments de détresse infinie, seule la lecture de témoignages de gens ayant vécu des expériences similaires lui est d'un quelconque soutien. Avec ses amis, ils ont déniché quelques ouvrages sur le siège de Sarajevo dans les réserves de la bibliothèque. Trop jeunes à l'époque du blocus imposé par l'armée serbe sur la capitale de Bosnie-Herzégovine de 1992 à 1996, ils en découvrent tardivement l'histoire, les yeux béants. Quatre ans de bombardements incessants, de faim, de terreur imposée aux trois cent cinquante mille habitants piégés dans cette cuvette infernale. Quatre ans de violence aveugle qui coûta la vie à plus de onze mille cinq cents personnes et qui mit la ville en mille morceaux. Des immeubles déchiquetés. Des monuments éventrés. Y compris la grande bibliothèque, où plus d'un million et demi de volumes partirent en fumée. Attaquée par une pluie d'obus, elle était le socle du patrimoine culturel de Sarajevo. Un face-à-face avec l'Histoire. Comme un miroir de leur propre histoire. De leur tragédie, de leur douleur. De leur courage et de leur combat pour la liberté.

– Lire sur Sarajevo, c'est se sentir moins seul. Se dire que d'autres, avant nous, ont traversé la même épreuve. Dans un autre pays. Un autre contexte. Mais, grâce à leur récit, je me sens moins vulnérable. Je retrouve une force intérieure qui me fait avancer, dit Ahmad.

Aux souvenirs de papier, gravés dans ces ouvrages, viennent aussi se greffer les paroles d'une mémoire vivante. Par l'entremise d'une reporter de guerre américaine, Muhammad Shihadeh, le fameux professeur, a établi un lien direct avec des rescapés de l'ancienne ville martyre. Au fil de ses échanges, via un groupe WhatsApp créé spécialement pour lui, surgit tantôt une astuce de survie, tantôt une anecdote, voire un gage de soutien quand le monde entier semble avoir déjà tourné la page de Daraya.

Mais, pour Ahmad, le plus grand réconfort s'appelle Mahmoud Darwich. Du poète palestinien, décédé en 2008 et adulé dans le monde arabe, il connaissait les textes sur le siège de Beyrouth, en 1982, ou sur celui de Ramallah, rédigé en 2002. Avant la révolution, ils lui étaient plusieurs fois tombés des mains, trop éloignés de ses considérations de l'époque. Depuis que le siège s'est consolidé, ces deux chefs-d'œuvre littéraires ont soudain pris une épaisseur particulière, il en a mémorisé des passages entiers. Chaque matin, il les écoute en boucle sur une bande sonore autrefois enregistrée par le poète et dénichée sur YouTube.

– Ces poèmes, je les écoute comme on écoute une voix secrète qui murmure ce qu'on n'arrive pas à exprimer. Comme on chante ce qu'on est incapable de chanter. Je m'y retrouve dans chaque mot, dans chaque ligne. Je m'identifie à l'expérience vécue, l'attente sous les obus, le temps qui devient espace, les martyrs qu'on n'arrive pas à oublier. J'écoute les vers et je me dis : c'est exactement ce que je ressens !

Ahmad s'interrompt. Son exaltation a traversé l'écran, elle flotte en suspens au-dessus de mon bureau. Il me dit que, s'il fallait choisir entre les deux poèmes de Mahmoud Darwich, son favori reste le plus récent, « État de siège », celui qui décrit Ramallah quand l'armée israélienne imposa un blocus sur la ville palestinienne. Je lui demande s'il en a un passage préféré.

– Le début, bien sûr, répond-il.

Et d'une voix chargée d'émotion, il en entame la lecture.

> Ici, sur les pentes des collines, face au couchant
> Et à la béance du temps,
> Près des vergers à l'ombre coupée,
> Tels les prisonniers,
> Tels les chômeurs,
> Nous cultivons l'espoir[1].

Ahmad relève lentement la tête vers l'écran, les lèvres figées en un rictus. Tout vient d'être dit, posé à l'écrit sur de fines lignes qui défient l'usure du temps et de la guerre. Une écriture vive, précise. Les mots qui résonnent dans ce poème parlent à sa place. À la place de Daraya.

---

1. Mahmoud Darwich, *État de siège*, poème traduit de l'arabe (Palestine) par Elias Sanbar, © Actes Sud, 2004.

L'espoir, malgré tout. L'espoir cultivé dans ce jardin potager improvisé sur le recoin d'une terrasse. L'espoir dans ces tournesols qui s'échappent d'une terre sèche et polluée. L'espoir dans cet arbuste planté au milieu d'un cratère creusé par un obus. Je passe en revue une nouvelle série d'images que m'envoient mes correspondants de Daraya. Malgré la tragédie du moment, elles sont la poésie incarnée. L'expression d'une exceptionnelle ingéniosité, cette « force intérieure » qui les aide à résister. Pour ne pas mourir de faim, ils ont transformé leurs cours en lopins de culture sur lesquels ils font pousser les ingrédients de leur modeste repas quotidien : laitue, épinards, tomates, pommes de terre. Avec les graines de boulgour, puisées dans les derniers stocks de la ville, ces quelques légumes forment la base de leur alimentation. Parfois, quand la récolte est mauvaise, il faut se contenter d'une simple soupe à base de feuilles d'arbre et de racines bouillies, mijotée au-dessus d'un poêle à l'ancienne.

– C'est infect ! grimace Hussam sur Skype.

Je reconnais son sourire taquin, bouclier stratégique contre l'horreur du quotidien. Depuis ses confidences sur Zeina, nous discutons souvent sur WhatsApp. Avec son parfait anglais, il me parle de sa passion, de leurs disputes d'amoureux, de ses interrogations pour la suite. L'oreille d'une étrangère lui offre sans doute la neutralité dont il a besoin. À chaque conversation, je prends soin de repousser ma tasse de café, d'écarter le paquet de biscuits de l'œil de ma webcam. Mais c'est lui, ce jour-là, qui insiste pour parler « cuisine ». Une façon, dit-il, de calmer ses fringales.

– Le plat qui me manque le plus ? Le poulet grillé ! rigole-t-il.

Au sujet de la volaille qu'il affectionne particulièrement, il est capable de faire un exposé dans le moindre détail : le croustillant de la peau, la sauce qui ramollit la cuisse, la saveur du pilon...

– Au fait, en parlant de faim, c'est l'heure du déjeuner, surenchérit Hussam, avec cette propension, désormais familière, à chasser la poussière trop épaisse des noirs souvenirs.

De l'autre côté de l'écran, Hussam s'est levé. Sa tête s'échappe maintenant du cadre, révélant des jambes aussi fines que des baguettes. Le jeune homme fait pivoter son ordinateur portable pour une visite de son modeste salon. D'un geste de la main, il m'indique son canapé, son étagère chargée de paperasse. L'image se fige, prisonnière d'une mauvaise connexion, avant de basculer sur une gazinière. Je promène un regard curieux sur les casseroles, la vaisselle qui s'empile dans l'évier. J'ai l'impression d'être dans sa cuisine.

– Puis-je t'inviter à partager mon repas ? enchaîne-t-il, sur le ton de la plaisanterie.

Sur l'étagère, aux boîtes vides de la moindre denrée, un simple sac de boulgour.

– Mon festin du jour ! s'amuse-t-il, en mettant l'eau à bouillir.

Voilà des semaines qu'Hussam en a fait son unique repas quotidien, comptant sur de modestes réserves qu'il rationne au maximum pour tenir encore quelques mois.

– Bon appétit, je lui réponds avec ironie.

Un nuage de vapeur a envahi sa cuisine, mouchetant l'écran d'ordinateur de petites taches blanchâtres. Hussam disparaît à nouveau, puis réapparaît, l'assiette remplie d'une bouillie beige. Avant d'entamer son repas, les papilles de sa mémoire s'activent, laissant la place à quelques autres confidences culinaires.

– Pour défier la faim, il nous arrive de nous réunir chez l'un ou l'autre et de passer des soirées entières à parler nourriture. Chacun évoque son plat préféré, les courgettes farcies de sa grand-mère, le jus du bouillon de viande, ses épices préférées, le dessert à la pistache auquel il rêverait de l'assortir.

Une autre astuce, dit-il, consiste à paresser ensemble autour d'un bol de soupe, à faire semblant de déguster chaque bouchée, comme un copieux dîner gastronomique qui se savoure jusqu'à la dernière cuillerée. Sans pain, l'exercice reste limité. Daraya n'en a pas vu la couleur depuis 2013. Jusqu'à cette date, le conseil local était parvenu à maintenir en activité la dernière boulangerie qui n'avait pas été bombardée. Et puis, le jour où toutes les provisions de farine ont été épuisées, il a fallu faire sans. Mais la survie passe encore une fois par l'humour : cherchant à combler l'absence de cet aliment de base si prisé des Syriens, Hussam et ses compères inventent des blagues, ironisant à tour de rôle sur les pauvres consommateurs qui, ailleurs dans le monde, perdent un temps fou à hésiter entre une baguette, un pain brioché ou aux céréales.

– Au moins, nous sommes épargnés par ce genre de préoccupation, sourit Hussam.

Et puis le 9 juin 2016 au soir, au quatrième jour du mois de jeûne de Ramadan, l'espoir, le vrai, vient enfin frapper à la porte de Daraya. Cette fois-ci, il traverse le mur de la ville. En vertu d'une mini-trêve de quarante-huit heures, neuf camions pénètrent dans la cité assiégée. Leurs coffres sont chargés de sacs de farine, d'aliments secs et de médicaments. Le ravitaillement est loin d'être suffisant : tout juste de quoi tenir pendant un mois. Mais, pour les quelque huit mille habitants affamés de l'enclave, c'est déjà un miracle.

– Enfin ! On n'y croyait plus ! s'enthousiasme Ahmad en direct, en m'annonçant la nouvelle.

Le piège se referme malheureusement aussi vite qu'il s'était ouvert. Dès le lendemain, j'apprends aux informations que les avions du régime se déchaînent à nouveau dans le ciel, empêchant la distribution des vivres tant attendus. À l'étranger, les déclarations d'indignations s'enchaînent, dénonçant la duplicité de Damas. En vain. Les bombes qui tombent du ciel se raillent des mots. Comme un dernier clou dans le cercueil de Daraya.

J'appelle Ahmad, inquiète. Comment va-t-il ? Est-il parvenu à trouver refuge dans un abri relativement sûr ? Comment tient-il face à ce nouveau revers ? Au bout du fil, il n'arrive plus à parler. Il a perdu sa voix. Sa gorge est asséchée. Je le sens abattu, déprimé. À force de le côtoyer sur internet, j'ai appris à lire entre ses paroles, à anticiper ses réponses, à déchiffrer ses silences. Là, ce n'est pas un silence habituel. Pour la première fois, il est à cours de mots pour raconter Daraya.

Ses émotions sont aphones.

Sa ville est en danger.

Ses espoirs, assassinés.

12 juin 2016. Cinq heures du matin, je peine à trouver le sommeil. Sur internet, je guette le moindre signe de vie en provenance de Daraya. Ahmad ne répond plus aux appels. Tous les messages envoyés sur WhatsApp sont restés sans réponse. Ils n'ont même pas été lus : le double √ signalant la bonne réception des textos ne s'affiche pas. Dans mon smartphone, je fais défiler la liste de mes autres interlocuteurs. Hussam, absent. Shadi, absent. Omar, absent. Un silence aussi blanc qu'une page vierge. Un écran d'incertitude, hachuré par la peur de les avoir perdus pour toujours. Sans internet, le monde redevient si vaste, écartant la distance qu'on pensait naïvement abolie ! Et moi qui avais fini par croire que le lien tissé sur la Toile leur offrait un gage de sécurité, une brèche salutaire dans cette fortification qui ne cessait de se consolider autour d'eux. La Toile s'est refermée sur leurs espoirs. La terre entière est désormais complètement sourde aux appels de détresse, aux chants esseulés des survivants. Il fait noir entre eux et nous. Une nuit sans fin qui a englouti les derniers mots.

Les menaces proférées par Damas ne sont guère encourageantes. À quelques kilomètres du tombeau de Daraya, défigurée par les barils et les bombes à sous-munitions, les haut-parleurs de la propagande promettent d'en finir pour de bon avec les « terroristes ». Sur les hauteurs de son palais, Assad l'ophtalmologue étoffe ses œillères, dépêchant ses soldats aux portes de la banlieue rebelle, pour qu'ils en grignotent de nouvelles parcelles. Loin des caméras du monde entier, l'étau se resserre. En l'absence de témoin, j'imagine le pire. Une offensive militaire d'envergure. Un assaut meurtrier. Un massacre invisible, comme celui de Hama en 1982, quand les réseaux sociaux n'étaient pas encore nés. Je ne peux m'empêcher de penser à Ahmad et ses confrères : doublement victimes des bombes et de l'inertie internationale qui entoure leur agonie.

Sans nouvelles d'eux, je parcours Facebook, WhatsApp, YouTube, en quête d'une trace, fût-elle minuscule. Aucune image. Pas un mot. Dans cet inquiétant crépuscule, je me rabats sur leurs comptes Instagram. Celui d'Ahmad est inactif depuis plusieurs mois. La dernière photo publiée est à pleurer : celle d'une mère en foulard blanc qui enterre son fils, un martyr de plus dans le catalogue funèbre de Daraya. Je fais marche arrière, j'avance à rebrousse-temps, épluchant chaque cliché, chaque détail du kaléidoscope de son quotidien. Je tombe sur la photo d'une rose rouge assortie d'un « Faites l'amour, pas la guerre ». Je m'arrête sur celle d'un chaton, dans les bras d'un combattant. Je croise les frimousses d'Ahmad, d'Hussam et de Shadi sur un selfie en noir et blanc. Ils posent devant les ruines de la ville, décor uniforme de la plupart de leurs clichés. Je les reconnais, là encore, sur cette photographie en couleurs, où ils se prélassent sur le tapis d'un salon. Rare moment de répit volé au chaos. Je songe à l'absurdité de la guerre. Ou plutôt à la normalité qui s'y blottit malgré tout.

Et je repense à la bibliothèque secrète. À cette fronde de papier. Aux manuscrits d'Omar. Aux blessures d'Abou el-Ezz. À la mélodie d'espoir, « *Jenna ! Jenna !* ». Aux roses et aux bouteilles de la révolution. Aux regards enflammés. Aux bouts de carton chantant la paix. À tous ces mots martyrisés. Je peine à détacher mon regard de ces photos : la guerre a cloué des yeux de vieillards sur leurs visages. Je rembobine le fil des événements. Comment en est-on arrivé là ? Quel démon s'est blotti dans le cerveau d'Assad ? De la Russie ? De l'Iran ? De tous ces tyrans, petits ou grands, qui s'obstinent à le soutenir aveuglément ? Je n'ose imaginer la formule qui pourrait, un jour, accompagner la mort annoncée de Daraya. Une cité crucifiée par la soif de pouvoir. Un rêve brisé par l'ambition mangeuse d'hommes. Un minuscule point d'espoir rayé de la carte syrienne. Une victime de plus sur la liste des villes assiégées : Madaya, Homs, Alep-Est…

Dans mon bureau d'Istanbul, je tourne en rond comme un derviche. Je comble le silence en me raccrochant à ce qui reste d'eux : les livres. Je relis *L'Alchimiste*, *La Coquille*, *Les Misérables*, *Les Sept Habitudes*. Je les dévore un à un comme on plonge en apnée. Tel un refrain, les vers de Mahmoud Darwich accompagnent mes pensées :

Le siège, c'est attendre,
Attendre sur une échelle inclinée au milieu de la tempête[1].

Et je trébuche à chaque reprise sur ce même couplet d'« État de siège » :

L'écriture, chiot qui mord le néant
Et blesse sans effusion de sang[2].

---

1. Mahmoud Darwich, *État de siège, op. cit.*
2. *Ibid.*

L'écriture : pourquoi ? À quelle fin ? Comme j'aimerais sauter les pages de ce livre en gestation. Leur livre, celui de Daraya. Comme j'aimerais anticiper la suite, l'espérer moins tragique, poser le point final autour d'un heureux événement. En leur absence, ce manuscrit a-t-il encore un sens ? Le roman a cet avantage que les récits n'ont pas : il s'aventure sur les chemins de l'imagination, en contournant l'autoroute du réel. On invente une transition, un dénouement, de nouveaux personnages. Mais passer à la fiction me semble à ce stade hors sujet. Le propre de cet ouvrage est justement de raconter la fragilité de l'instant. L'inscrire dans l'épaisseur du temps et de la mémoire. Collecter les traces – même infimes, et parfois intimes – de ce présent, trop vite condamné au passé, qui s'efface à l'allure d'une bombe : dans les récits personnels, dans les pages des ouvrages qui ont été tournées, dans le creux de la guerre, dans les souvenirs individuels, les larmes et les rires.

Ce livre, c'est un peu tout ça à la fois : le récit, même inachevé, de ces héros invisibles. Je ne peux y renoncer.

Écrire pour ne pas oublier. Pour ne pas *les* oublier.

Un mois s'écoule, jalonné d'inquiétude, pétri d'introspection. Un mois de labeur à tenter de combler le manque d'information. À compiler tout ce que je suis parvenue à rassembler à ce jour. Clichés, bribes de phrase hachées par les bombes, fragments de vie rescapés du conflit…

Et puis, le 12 juillet est arrivé avec ce premier signe de vie sur l'écran engourdi de mon portable.

– Shadi a été blessé.

Entre soulagement et inquiétude, je relis le message envoyé via WhatsApp. Shadi-a-été-blessé. Point. À nouveau le silence. Ce fichu temps de l'attente. Attente sur une échelle inclinée…

Quand la connexion se réenclenche en fin de journée, c'est Shadi en personne qui finit par donner des nouvelles. Il porte un gros bandage à la main gauche et se veut rassurant : il est hors de danger. Mais il est encore assommé par l'attaque dont il a fait l'objet. Les semaines passées ont été un enfer. Aux portes de la ville, les soldats du régime poursuivent leur offensive, cherchant à reconquérir de nouvelles parcelles de territoire. Pour défier le danger, il faut souvent changer d'abri, se blottir au fond des caves. D'où l'accès limité au bureau – et à internet. Les attaques sont en dents de scie, selon un schéma qui se répète à l'infini : deux jours de bombardement intense, suivis d'une journée de répit. Ce 12 juillet au matin, la journée s'annonce pourtant plus clémente. Shadi met enfin le nez dehors, accompagné de Malek, un copain du centre des médias. Ils veulent s'enquérir des familles, faire quelques vidéos, évaluer l'ampleur des dégâts. Ensemble, ils optent pour un quartier situé à l'ouest. En un éclair, une pluie de roquettes leur coupe la route. Les deux compères sont pris de court, ils songent à faire demi-tour. Trop tard : une nouvelle salve s'abat juste à côté d'eux. Cette fois-ci, le sol tremble sous leurs pieds. Impossible de faire un pas en avant, ni en arrière. La fumée fait barrage. Un gribouillis de poussière mêlé à la poudre de ciment. Sous le choc, Shadi ne réalise pas tout de suite qu'il est blessé.

– Je ne voyais plus rien. Je criais : « Malek ! Malek ! » J'avais peur qu'il lui soit arrivé quelque chose.

À tâtons, Shadi se fraie un passage. Ce n'est que lorsqu'il retrouve son ami qu'il sent sa main gauche le lancer. Il baisse les yeux : elle est rouge de sang. Des éclats de Shrapnel lui ont arraché des bouts de peau et déboîté l'index et le majeur. La douleur est fulgurante. Il souffre le martyre. Une camionnette passe en furie. Elle l'embarque à l'hôpital, le seul de la ville. Là-bas, les infirmiers sont débordés. Quand le docteur arrive enfin, il l'opère au plus vite.

– La morphine n'était pas assez forte. Je hurlais de douleur. Pour m'encourager, le médecin fredonnait une mélodie connue : « Shadi s'est perdu ».

Une fois de plus, Shadi a vu la mort de près. La roquette est tombée sur le coin d'un immeuble, à moins de cinquante centimètres de l'endroit où il se trouvait.

– À quelques centimètres près, c'était fini pour moi.

Je m'enquiers sur Ahmad, Hussam et Omar. Étaient-ils avec lui ? Sont-ils en sécurité ? Shadi se veut rassurant :

– Nous n'étions pas ensemble. Le reste du groupe va bien. Les uns et les autres, nous passons notre temps à changer d'abris pour échapper aux frappes.

Et sa caméra ? Comme d'habitude, il la portait en bandoulière, au plus près de son cœur. À peine remis de l'opération, il réalise que l'objectif a été brisé en mille morceaux par les éclats de mortier. Hors d'usage. Quant au boîtier, il est complètement calciné. En fait, il lui a servi de gilet pare-balles.

– Ma caméra m'a sauvé la vie !

Shadi se tait. Un silence recueilli. Son inséparable appareil a fait barrage entre lui et la mort. Mais la caméra aura fonctionné jusqu'au dernier « clic ».

– Plus tard, quand j'ai retiré la carte mémoire de l'appareil abîmé, je me suis rendu compte qu'elle était intacte. Toutes les images que j'avais prises avant l'attaque étaient sauvées ! Un miracle !

Des images d'archives salutaires. Une empreinte irréfutable de la guerre, parsemée de traces indélébiles aussi douloureuses que nécessaires.

Écrire pour ne pas oublier... Le 14 juillet 2016, une nouvelle missive, signée cette fois-ci par le conseil local, s'est exfiltrée des entrailles de la cité. Le ton est sévère, alarmant. Adressée directement au président français François Hollande, elle est un ultime appel de détresse lancé à la face du monde.

> *Monsieur le Président de la République,*
> *Nous, habitants de Daraya, qui luttons aujourd'hui pour gagner notre liberté, vous écrivons pour vous alerter sur la menace qui pèse sur notre ville. Plus de huit mille habitants vivent assiégés depuis 2012, aux portes de Damas, dans des conditions extrêmement difficiles. L'électricité, l'eau, les communications, y sont totalement coupées. Cette situation s'est brutalement détériorée avec l'intensification des bombardements du régime ces dernières semaines, en flagrante violation de l'accord de cessation des hostilités conclu à Vienne en décembre 2015. Le « corridor humanitaire » aménagé par les forces révolutionnaires entre Daraya et la banlieue contiguë de Moadamiya a été détruit, ainsi que les terrains agricoles de la ville, privant la population de ses dernières ressources. Les habitants qui y avaient trouvé refuge ont été contraints de se retrancher dans les immeubles d'habitation en ruines du centre de la ville.*

En quatre ans, plus de huit mille barils d'explosifs ont été largués sur la cité. Nous craignons que les dernières avancées des forces d'Assad et de leurs alliés ne soient le prélude à un assaut majeur qui verrait le massacre des derniers habitants de Daraya et la destruction totale du berceau du pacifisme syrien. Daraya, qui a résisté au régime et aux extrémistes de Daech, risque de subir un nouveau massacre, similaire à celui d'août 2012. En deux jours, plus de six cent quarante et un civils avaient été tués par les forces loyalistes. Ce qui se passe est, en réalité, le résultat d'une stratégie de reconquête de Bachar al-Assad mise en œuvre avec l'appui logistique de Moscou. Les combats et les bombardements se sont arrêtés pendant deux mois au moment de l'application du cessez-le-feu, le 27 février 2016. Il est à noter qu'en dépit des violations répétées de la trêve par le régime les forces révolutionnaires se sont tenues au respect de l'accord. Elles se sont toujours prononcées en faveur d'une solution politique, à l'instar des responsables civils sous le contrôle desquels elles sont. De leur côté, les forces du régime ont totalement mis fin à la trêve au mois de mai. Elles progressent désormais vers le centre, où sont piégés les derniers habitants.

Monsieur le Président, pour que Daraya la pacifiste ne devienne pas un nouveau Guernica syrien, les pays de la task force sur le cessez-le-feu doivent prendre leurs responsabilités. Nous demandons une intervention urgente pour contraindre le régime à appliquer la résolution 2254 du Conseil de sécurité et l'accord de Vienne de décembre 2015. En plus d'un cessez-le-feu, nous demandons l'établissement d'un corridor humanitaire, l'évacuation des victimes et leur protection, et, enfin, la levée du blocus. La France, qui a toujours été aux côtés du peuple syrien, doit user de son influence pour empêcher un massacre à Daraya, dont elle porterait la responsabilité au même titre que tous les acteurs qui ont parrainé l'accord sur la trêve. En dépit d'une situation humaine et militaire dramatique, la ville de Daraya continuera à résister et à lutter en faveur d'une solution politique et pacifiste, comme elle le fait depuis quatre ans. Mais, aujourd'hui, seule une intervention de la communauté internationale, des forces politiques et révolutionnaires, permettra d'empêcher l'annihilation totale de Daraya et de ses habitants.

Vive la révolution, la dignité et la liberté.

L'appel du 14 juillet a-t-il pu être lu ?

Il est 22 h 33 en France. Et ce soir-là, François Hollande est rattrapé par d'autres préoccupations. À Nice, le traditionnel feu d'artifice vient de s'achever dans le sang : un camion-bélier a foncé dans la foule, tuant quatre-vingt-six personnes et blessant des dizaines d'autres. Un acte de barbarie de plus, signé de Daech.

Sur mon téléphone portable, je reçois d'une traite les deux nouvelles en pleine nuit, avec un retard inhabituel. Je suis arrivée la veille par bateau sur une île grecque. J'ai traversé cette Méditerranée d'apparence si paisible où tant de migrants ont été dévorés par les vagues. Ici, le réseau est catastrophique. Il faut se coller au mur d'un voisin pour capter un semblant de wi-fi. Sous les étoiles, je glisse un coussin sur la terrasse. J'installe le portable sur un muret et j'esquisse une réponse à l'attention d'Ahmad. La fatigue s'ajoutant au sentiment d'impuissance et de culpabilité, les mots se chamaillent dans ma tête. Assad bombarde en Syrie. L'Organisation de l'État islamique tue en France et ailleurs. Le monde s'enflamme et je suis isolée sur un caillou grec, bercée par le chant des criquets, où j'ai promis des vacances à Samarra. Je fixe invariablement la page vierge de mon ordinateur. J'aimerais dire à Ahmad qu'on ne les oublie pas. Lui promettre que leur courrier finira par réveiller les consciences. Que Daraya ne sera pas le nouveau Guernica. Qu'il y aura des jours meilleurs. Du raisin dans les vignes. Des olives dans les vergers. Du pain au fond des ventres. J'aimerais leur dire qu'au XXIe siècle un tel drame ne peut rester impuni. Que la Révolution française ne s'est pas faite du jour au lendemain, qu'elle a pris du temps, que l'équation « Liberté, égalité, fraternité », aujourd'hui défiée par Daech, reste inébranlable. Qu'un jour, la petite fille à la robe bleue n'aura plus à écrire le mot « espoir » en s'appuyant sur des têtes de mort. Que 2 plus 2 font bien 4. Que le 5 finira par être condamné par le Conseil de sécurité des Nations unies. Un crime contre l'humanité, au même titre que les bombardements, que les attaques au gaz sarin, que les sévices et les viols en prison, que l'encerclement des villes et la torture par la faim.

J'aimerais leur dire tout ça.

Mais demain, qu'adviendra-t-il ?

Demain, les Nations unies bougeront-elles le petit doigt ?

Parviendront-elles à stopper la machine à tuer ?

Demain, leur cri de détresse sera-t-il effacé par d'autres tragédies ? D'autres menaces ? D'autres conflits ?

Demain, quand il sera trop tard, la communauté internationale finira-t-elle par se réveiller ?

C'est le 14 juillet.

Daraya pleure.

Des mots de douleurs.

Mort-nés sur le papier.

D'une énième missive ignorée.

Il est des nouvelles qu'on aimerait ne jamais avoir à écrire. Des mots qu'on peine à coucher sur le papier.

Le 29 juillet, alors que je suis de retour à Istanbul, c'est Ahmad, cette fois-ci, qui me contacte en direct.

Il est effondré :

– Omar a été tué.

Je suis sans voix. Omar. L'Ibn Khaldoun de Daraya. L'amoureux des livres. Le lecteur rebelle de la bibliothèque ! Une nouvelle victime de ce siège assassin. Je compose à vive allure le numéro d'Ahmad. Je veux lui présenter mes condoléances, lui exprimer ma compassion. Je sais à quel point il tenait à lui. Omar, l'espoir de Daraya, le soldat qui n'aurait pas dû être soldat. La connexion internet est hachée. Je comprends un mot sur deux. Entre messages sur WhatsApp et bribes de conversation sur Messenger, Ahmad rembobine les derniers jours écoulés. Le matraquage permanent des raids aériens. L'offensive terrestre sur de nouveaux quartiers. À l'ouest. Au sud. Partout. Le grignotage des zones résidentielles. La reconquête des dernières terres agricoles. Et cet assaut qui s'annonçait imminent contre la zone abritant les dernières réserves alimentaires. Omar et les rebelles étaient en sous-effectif, pauvrement équipés. Leurs simples kalachnikovs face aux tanks et aux avions du régime. Qu'importe. Il leur fallait empêcher cette attaque. Elle aurait été fatale pour la population. Alors, ils ont tenté le tout pour le tout : ils se sont risqués au-delà des lignes de défense habituelles pour aller planter des explosifs sur la route ennemie. Du haut de leur colline, les soldats de la Quatrième Division ont repéré le petit jeu. Les canons ont ouvert le feu. Omar est tombé. Il ne s'est jamais relevé.

Et ce jour-là, pour la première fois depuis bien longtemps, Ahmad a pleuré.

– J'ai reçu la nouvelle de sa mort comme un choc. J'étais paralysé, ma tristesse insurmontable. Omar était l'icône de cette révolution. Un combattant par défaut qui avait des rêves de paix et d'avenir pour la Syrie.

Au bout du fil, sa voix s'altère, obstruée par des sanglots. Je devine son chagrin, le vide creusé par l'absence de son ami. Comme une page de Daraya qui s'efface à jamais. Et je repense, inéluctablement, à ce jeune guerrier atypique, ce poète de la gâchette épris d'ouvrages, rencontré pour la première fois derrière la vitre du Net à l'automne 2015. Je repense aux copies PDF qui inondaient son portable. À sa soif d'apprendre. À son goût pugnace pour la politique. Au *Prince de Machiavel* que je voulais lui offrir. À ce livre qu'il n'aura jamais lu. Je repense à cette ligne de front où les livres lui tenaient compagnie – sa « mini-bibliothèque », comme il disait. Je les imagine éparpillés au sol, perdus dans la poussière. Ahmad et ses amis ont-ils pu en récupérer quelques exemplaires, modestes souvenirs dans cette guerre qui efface tout ? Sont-ils parvenus à lui dire un dernier adieu au cimetière ? À calligraphier son nom sur un bout de carton ? À murmurer quelques prières ?

– Rien de tout cela, malheureusement... Il nous a même été impossible de récupérer le corps d'Omar et des trois autres combattants tués avec lui. Les soldats du régime les ont emportés. Ils ont pris leurs cadavres en otage.

Le régime ne s'était donc pas contenté de tuer Omar, de lui voler sa jeunesse. Il l'avait bafoué jusqu'au bout, le privant de sépulture, du dernier repos auprès des siens.

Le lendemain, je recontacte Ahmad. Je veux prendre de ses nouvelles. M'assurer qu'il tient le coup. Il n'a pas fermé l'œil de la nuit. Avec ses amis, dit-il, ils ont veillé toute la soirée. Un recueillement en hommage à Omar improvisé dans un modeste appartement. Des heures durant, ils se sont repassé des vidéos, ils ont fouillé dans la mémoire des livres, ceux qu'il aimait tant. Ils en ont relu quelques passages pour panser leur tristesse.

– De lui, je garde l'image de quelqu'un qui a cru en notre révolution jusqu'au bout… Il était bourré de projets. Il aurait pu se lancer dans une carrière politique. Il rêvait de se marier, de fonder une famille. Il avait même planifié ses fiançailles avec une jeune femme de Damas, une fois la guerre terminée. Peu de temps avant sa mort, il s'était inscrit comme Hussam à l'université Roshd, celle qui dispense des cours à distance. Lui qui côtoyait la mort au quotidien avait une foi inaltérable en la vie. Un vrai modèle !

Ahmad s'est tu, pensif. Dans sa tête, les souvenirs se bousculent. Trop nombreux pour pouvoir en faire le tri. Il est accablé, s'excuse de ne pas parvenir à rassembler ses idées. Un dernier mot, pourtant, avant de raccrocher :

– Il m'avait récemment fait une confidence : la révolution avait interrompu son rêve de devenir ingénieur. Elle lui avait cependant ouvert une porte inattendue : celle de la lecture. Celle, aussi, du chemin de l'écriture. Il voulait prendre un jour la plume pour s'adresser aux nouvelles générations. Écrire, oui, écrire, pour de meilleurs lendemains. La Syrie au pluriel. Une utopie à laquelle il croyait.

Mais la porte s'est fermée. Et la plume s'est tue avant l'heure. Brisée par la guerre.

En raccrochant, ce jour-là, j'ai pensé au « Dormeur du val ». Le sonnet d'Arthur Rimbaud, appris dans ma jeunesse.

> C'est un trou de verdure où chante une rivière
> Accrochant follement aux herbes des haillons
> D'argent ; où le soleil, de la montagne fière,
> Luit : c'est un petit val qui mousse de rayons.
>
> Un soldat jeune, bouche ouverte, tête nue,
> Et la nuque baignant dans le frais cresson bleu,
> Dort ; il est étendu dans l'herbe, sous la nue,
> Pâle dans son lit vert où la lumière pleut.
>
> Les pieds dans les glaïeuls, il dort. Souriant comme
> Sourirait un enfant malade, il fait un somme :
> Nature, berce-le chaudement : il a froid.
>
> Les parfums ne font pas frissonner sa narine ;
> Il dort dans le soleil, la main sur sa poitrine,
> Tranquille. Il a deux trous rouges au côté droit.

Les poèmes ont ce pouvoir fou de transcender les époques. Rimbaud avait 16 ans quand il composa ces quelques vers. C'était en 1870, pendant la guerre franco-prussienne. Une autre époque. Un autre conflit. D'autres tragédies. S'il les avait écrits au XXIe siècle, je me dis qu'ils n'auraient guère changé. Ces vers parlent à la place de Daraya : emprunts de révolte contre la mort d'un jeune combattant ; bercés par ce chant lancinant d'une nature apaisante, sur la route du dernier repos.

J'ai fait lire le sonnet à Asmaa, mon amie et interprète syrienne. Ensemble, nous l'avons traduit en arabe, soucieuses d'en faire résonner les rimes au-delà du français. Et je l'ai envoyé à Ahmad, en le dédiant à Omar, le dormeur du val syrien.

La mort d'Omar marque un tournant radical dans la vie des habitants de Daraya. Avec sa disparition, ils commencent à prendre conscience que les derniers jours de leur ville sont comptés. Un nouveau chapitre s'ouvre, aussi noir que du marc de café. Ils sont pourtant loin d'imaginer que le pire n'est pas encore arrivé. Le jeudi 4 août, les hélicoptères du régime prennent la ville par surprise en l'arrosant d'un nouveau venin : du napalm ! En une journée, une dizaine de bombes incendiaires se déversent sur des immeubles d'habitation, transformant leurs cibles en une énorme boule de feu. L'incendie est dévastateur : il brûle tout sur son passage. Les murs. Les meubles. Les arbres. Les feuilles destinées à la soupe quotidienne… Paysages en cendres. Lambeaux d'immeubles en fumée. Victimes d'une entreprise de démolition sans limites. Une politique de la terre brûlée, calculée, réfléchie, qui atteint son paroxysme.

En plus de mille trois cent cinquante jours de siège, l'enclave semblait avoir déjà tout essuyé : les bombes barils, le gaz sarin, les roquettes, les coups de canon. En plus de mille trois cent cinquante jours de siège, elle avait connu le deuil, la faim, la peur. En plus de mille trois cent cinquante jours de siège, Daraya s'était progressivement transformée en un vaste champ de ruines.

Partout, des cercueils de gravats. Des champs d'oliviers asséchés. Des miettes de vie à l'agonie. Et voilà que Bachar al-Assad a décidé de condamner la ville à l'autodafé en ignorant l'interdit international sur l'utilisation du napalm. Une campagne de destruction massive pour faire plier Daraya, pour l'effacer de la carte de la Syrie.

De plus en plus rares, mes échanges avec Ahmad, Shadi et Hussam se limitent aux mêmes questions, auxquels ils répondent par quelques émoticons :
– Ça va ?
– ☹
– Courage !
– ☺

De temps à autre me parviennent encore quelques images de Daraya, dès qu'internet se remet en marche. Celles de ces champs autrefois si fertiles dévastés par les tanks. De ces bourgeons carbonisés. De ces rues noircies de suie comme des pages brûlées par un fou.

Surtout, continuer à écrire. Garder la brèche ouverte. Alerter sur le désastre. Mais, en France comme ailleurs, les regards se détournent de Daraya. Les Nations unies sont paralysées. La classe politique, embourbée dans ses problèmes sécuritaires. Partout, le spectre de Daech occupe le devant de la scène. Au point que certains pays trouveraient bon de renouer avec Damas pour combattre ce fléau. Et l'opposition syrienne modérée dans tout ça ? Réveillez-vous, ma pauvre amie, elle n'existe plus depuis bien longtemps ! Pendant ce temps, le sablier du temps s'écoule en faveur de Bachar al-Assad : les mains libres, la lunette fixée sur Daraya, il allume des brasiers en toute impunité. *Fahrenheit 451*, ça vous dit quelque chose ?

Brûler pour effacer. Brûler pour déshumaniser... Le 16 août, en plein cœur de l'été, le cauchemar que tout le monde redoutait finit par devenir réalité.

– L'hôpital a été attaqué au napalm !

C'est Hussam qui donne ce jour-là l'alerte sur Whats-App. Les hélicoptères ont largué leurs bombes incendiaires sur le dernier dispensaire de la ville. L'attaque a fait quatre blessés, aussitôt évacués. Le début de la fin ? Trois jours plus tard, quatre barils remplis de napalm se déversent à nouveau sur ce qui reste de l'immeuble hébergeant l'hôpital. Cette fois-ci, la bâtisse est engloutie par les flammes. Un squelette calciné. Les patients sont transportés d'urgence vers des abris hors de danger. Dans l'obscurité des trous, chacun s'improvise infirmier, psychologue ou simple éclairagiste, la lampe du smartphone pointée au-dessus des plaies. Un incroyable réseau de solidarité se met en place. Les parents se relaient pour sortir les enfants au petit matin, avant le début des bombardements. Les femmes retiennent leurs larmes, en fredonnant des comptines. Les prières se font loin de la mosquée, plusieurs fois endommagée. Pour la première fois de leur vie, des civils rejoignent l'Armée syrienne libre sur la ligne de front pour défendre Daraya contre les tanks de l'implacable Quatrième Division.

Mais il faut se rendre à l'évidence : la ville est au pied du mur. Condamnée au bûcher.

– Nous manquons de tout : de vivres, de combattants, de munitions pour nous défendre, concède Hussam au bout de quelques jours.

Tenaillée par la fatigue et le désespoir, Daraya agonise. Pour la première fois depuis le siège, de discrètes négociations sont amorcées avec le régime.

– Notre priorité, c'est de sauver les civils. Le conseil local et l'Armée syrienne libre ont accepté l'idée d'un accord avec le pouvoir. Un plan d'évacuation est à l'ordre du jour. Mais les discussions piétinent et nous ne sommes sûrs de rien...

Et lui, Hussam, comment parvient-il à tenir le coup ?
— Oh, moi, je compte les jours avant la mort, lance-t-il d'un rire nerveux.

Ahmad aussi est devenu fataliste, surtout depuis la disparition d'Omar.

— On ne fait plus la différence entre le jour et la nuit. Nous sommes sonnés, incapables de réfléchir. On passe l'essentiel du temps sous terre, dans le bureau du centre des médias. La mort est partout, prête à nous cueillir, confie-t-il.

Des Nations unies, ils n'attendent désormais plus rien, si ce n'est qu'elles viennent un jour ramasser leurs ossements dans les décombres de la ville. À moins, dit-il, qu'ils ne soient déjà partis en cendres sous la braise. Une fois de plus, la survie passe par l'humour, de plus en plus noir. « Nous espérons que la chaleur du napalm sur Daraya ne gâchera pas le beau temps des délégations des Nations unies à Damas ! » ironise un de leurs slogans. Les mots sont durs, amers. Mais ils tiennent debout, les uns derrière les autres, parfaitement alignés de droite à gauche sur des bouts de carton qu'ils brandissent devant leurs propres caméras.

— L'ironie, c'est un peu notre dernier rempart. Quand le désespoir nous ronge, on se raconte des blagues et on fait du *shelli*, souffle Ahmad.

— Du « *shelli* » ?

— Oui, c'est une expression populaire ici pour dire qu'on parle de tout et de rien. Des potins, si tu préfères... Une impression de normalité rassurante... Un garde-fou...

Shelli... Le mot est resté collé sur mes lèvres. Un goût familier... *Shelli*... En raccrochant, ce soir-là, je repense à Moustafa Khalifé. *Al-Qawaqa'a. La Coquille. The Shell*, en anglais. Et je ne peux m'empêcher d'y voir un lien, même inconscient, avec *shelli*. Un langage pare-balles. Cette fameuse enveloppe de protection, armure contre la violence. Une logorrhée qui éclot sous les flammes quand la guerre brûle les derniers mots.

27 août 2016. 9 heures du matin. Comme une traînée de poudre, le fameux message, celui auquel nous avions fini par nous préparer, noircit l'écran de mon smartphone.

– Nous partons ☹

C'est Ahmad qui l'a composé à l'aube en préparant hâtivement son sac. Les semaines précédentes, nous n'avions cessé, avec mon amie Asmaa, de nous relayer pour maintenir un minimum de contact avec les jeunes de Daraya. De petits mots fragiles, comme des lucioles au milieu de la nuit, pour les assurer de notre soutien modeste et lointain. Il y a trois jours, l'enclave s'est réveillée dans le silence. Il était aux environs de 6 heures. Ni avion. Ni tir d'artillerie. Un calme inhabituel et redoutable. Comme le signal d'une énième tragédie. La nouvelle se mit alors à courir qu'un émissaire du régime avait fait une incursion en ville avec un ultimatum à l'attention de ses habitants : ils devaient quitter Daraya au plus vite s'ils ne voulaient pas y finir ensevelis vivants. Les notables et les rebelles tentèrent en vain de négocier le droit de rester à Daraya, même sans leurs armes, pour les combattants. Ou bien d'être relocalisés sur la ville de Deraa, alors encore tenue par l'opposition. Au terme de laborieux pourparlers, les insoumis n'eurent d'autre choix que de capituler. Leur cité a dû se rendre.

– La situation était désespérée. Il fallait à tout prix sauver les familles, éviter un sacrifice final. Il n'y avait plus à manger, plus de quoi se protéger. Le régime avait brûlé tous nos champs. Le choix était limité. C'était partir ou mourir, concède Ahmad, dans une série de textos.

Le 26 août, la trêve a rapidement pris effet. Les premiers bus se sont massés aux portes de la ville pour venir chercher les civils. Traînant d'une main un vieux sac en toile et de l'autre un ou deux enfants, environ sept mille cinq cents hommes et femmes ont jailli des trous, le visage cireux, et certains en guenilles, avant de traverser une dernière fois les ruines de leur ville. Puis, sous l'œil vengeur des soldats du régime, ils sont montés à bord des véhicules encadrés par le Croissant-Rouge syrien qui les ont conduits jusqu'à la localité voisine de Sahnaya, à quelques kilomètres plus au sud. Ironie de l'histoire : l'évacuation forcée a débuté quatre ans, exactement, après le terrible massacre de Daraya...

En ce 27 août, c'est au tour des quelque sept cents derniers combattants anti-Assad de Daraya d'emboîter le pas avec leurs familles et le noyau dur des activistes. Leur destination est plus lointaine : Damas a finalement tranché, en décidant de les envoyer dans la région d'Idlib, contrôlée par les anti-Assad, à trois cents kilomètres au nord-ouest. Au total, une trentaine de bus, eux aussi lourdement encadrés, s'apprêtent à les embarquer vers un nouvel inconnu.

Dans nos échanges WhatsApp, oscillant entre messages écrits et vocaux, qui accompagnent leur départ, Ahmad m'explique qu'avec Hussam et Shadi ils ont sciemment choisi de faire partie de ce deuxième convoi.

– On a voulu s'assurer que l'évacuation des civils se déroule sans encombre pour pouvoir partir soulagés. Nous ne voulions pas avoir leur mort sur la conscience, et surtout celle de leurs enfants. Ils n'avaient pas demandé à être ici. Nous, nous étions restés à Daraya par choix. À nous d'assumer nos responsabilités jusqu'au bout.

Leur engagement est sans borne. Des jours durant, ils ont guetté la mort comme dans une salle d'attente infernale. Même la peur au ventre, leur sens des responsabilités n'a jamais failli.

Il est maintenant 11 heures. Un nouveau signe de vie s'affiche sur mon portable. Cette fois-ci, c'est Hussam.

– Ça y est, nous sommes en train de nous regrouper pour le départ. C'est la pagaille. Les gens sont à bout.

Après d'ultimes discussions, les combattants anti-Assad ont obtenu in extremis l'autorisation de sortir avec leurs armes légères, des kalachnikovs pour l'essentiel. Hussam est soulagé.

– Ces armes sont une protection, même psychologique. Qui sait ce qui nous attend : vont-ils essayer de nous arrêter ? De nous exécuter ? me confie-t-il par WhatsApp après s'être connecté furtivement au réseau internet de Damas, accessible depuis l'arrêt des bus.

Quelques minutes plus tard, il m'envoie des photos saisies sur le vif. Le visage blafard, la bouche asséchée, les derniers survivants sont entassés au pied d'une carcasse de béton. Une pellicule de poussière enduit leurs habits. À leurs pieds, ils ont posé leurs modestes valises. Parfois, un vieux sac de farine fait office de baluchon.

Hussam s'est contenté d'un sac à dos. Dans son bagage d'infortune, préparé au pas de charge, il a glissé l'essentiel : quelques pantalons, des t-shirts, un ordinateur portable.

– Et bien sûr les deux ouvrages offerts par Zeina, précise-t-il.

Pour le reste, il a tout laissé derrière lui : les mégots dans le cendrier, la vaisselle non lavée, le matelas sur le sol de l'appartement où ils s'étaient retranchés ces derniers jours entre amis, juste à côté du centre des médias. Dans la précipitation, il a eu un dernier réflexe de survie :

– J'ai déchiré mes carnets de notes et j'ai brûlé tous les documents à caractère révolutionnaire. Les pamphlets, les slogans… Je ne peux malheureusement pas tout emporter avec moi. Pas question de laisser des traces de notre travail aux agents du régime.

Avant de rallier le point de départ des bus, il s'est arrêté au cimetière. Là-bas, sur ce ruban de terre qui n'a cessé de s'allonger pendant les quatre années du blocus, il a retrouvé Ahmad, Shadi et tous les autres. Ensemble, ils ont fredonné un dernier chant d'adieu aux quelque deux mille martyrs de la ville : amis, confrères, combattants, voisins, fauchés par les bombes et la guerre.

Il est presque 17 heures. Après plus de trois heures d'attente, les véhicules s'apprêtent enfin à démarrer.

– Le départ approche ! annonce un texto.

Je reçois une photo prise de l'intérieur d'un des autocars. Le selfie est flou, capturé en contre-jour. Suffisamment clair, pourtant, pour reconnaître leurs bouilles amaigries devant des rangées de fauteuils bleus. Le visage stigmatisé par l'épreuve, ils portent tous des chemises et des mines froissées par l'épuisement et la chaleur. Au milieu du groupe, l'inébranlable Hussam affiche son habituel sourire malicieux. Jamais, pourtant, ses traits n'ont été autant tirés.

C'est la dernière image qui me parvient de Daraya avant que le bus ne démarre.

Des heures durant, le silence prend la relève des textos. Ce temps de l'attente, aussi familier qu'indomptable qui s'étire comme un élastique. C'est long, trois cents kilomètres. Alors il faut imaginer trois cents kilomètres jalonnés de postes de contrôle, de routes écorchées par la grenaille, de chemins interrompus par les imprévus de la guerre. Trois cents kilomètres sous escorte rapprochée, et sous les pales menaçantes des hélicoptères du régime.

Soudain, ce premier signe de vie au réveil. Un appel inespéré.

– Nous sommes arrivés à Idlib !

C'est Hussam qui annonce la nouvelle. Orphelin de sa ville. Mais soulagé d'être en vie. Il est environ sept heures du matin, ce 28 août, et, malgré la fatigue, le jeune homme est déjà d'humeur à faire des blagues.

– Devine quoi : quand on m'a réveillé, j'ai aussitôt réclamé du poulet grillé ! J'en avais tellement rêvé. Mais les copains m'ont répondu que c'était l'heure du petit déjeuner. Que j'avais attendu quatre ans pour en manger. Et que je pouvais donc bien attendre quatre heures de plus !

Ses éclats de rire sont contagieux. Derrière lui, un joyeux brouhaha y fait écho. Je devine les klaxons des voitures, le cliquetis de la charrette du vendeur de légumes, la voix des passantes qui marchandent quelques pommes de terre. La vie, la vraie. La première fois, aussi, que nous parlons sans être interrompus par le fracas des armes.

Après le son, les images. Pendant l'évacuation, Shadi n'a pas résisté à la tentation de faire tourner la caméra du centre des médias qu'il a glissé dans sa besace juste avant de partir.

J'ouvre la vidéo qu'il me transmet. Derrière la vitre du bus, légèrement fissurée, j'aperçois les soldats du régime dans leur treillis kaki. Leurs regards menaçants, leurs visages de marbre. L'autocar démarre, frôlant des palmiers ébouriffés, parcourant des artères semblables à de longs bras fracturés. Partout, des monceaux de pierre. Des maisons aplaties comme des mille-feuilles. Un petit échantillon par procuration des ravages du conflit.

Puis le paysage change abruptement au passage d'un checkpoint. Sur un panneau, je déchiffre en frissonnant le nom « Mezze » : la fameuse zone militaire d'où les soldats de la Quatrième Division s'acharnèrent, quatre ans durant, à acculer les résistants de Daraya.

La route, sous contrôle du régime, est parfaitement goudronnée. Des blocs d'immeubles s'alignent à perte de vue. Aux balcons, quelques curieux observent en silence le défilé des bus. Le convoi s'arrête, puis repart. Dehors, les voitures sont rutilantes. Sur les enseignes des boutiques aguicheuses, je reconnais certaines marques étrangères d'électroménager. Au loin, le portrait vengeur de Bachar al-Assad pointe le nez.

L'image s'interrompt à nouveau, avant de redémarrer, cette fois-ci, sur des colonnes de badauds qui applaudissent le passage des bus comme à l'arrivée des champions du Tour de France. Le contraste est saillant. Les rues sont euphoriques, parcourues de doigts faisant le « V » de la victoire. Des hommes applaudissent. Des femmes entament des youyous. Des adolescents brandissent des pancartes de bienvenue. Partout, des visages lumineux, étincelant de sourires.

– C'est Idlib, précise Shadi.

Idlib, leur destination finale.

La fin d'un long voyage. D'une aventure escarpée.

Le 12 septembre, deux semaines après l'évacuation forcée de Daraya, une vidéo achève de balayer les derniers lambeaux du printemps assassiné. Celle d'un Bachar al-Assad sûr de lui paradant dans les rues désertes de la ville fantôme sous l'œil attentif des caméras officielles. Au lendemain de ses 51 ans, qui coïncident avec la fête musulmane de l'Aïd el-Kebir, le raïs de Damas s'est offert un cadeau bien particulier. Entouré d'une armada de conseillers politiques, de gradés militaires et de dignitaires religieux, il s'adonne d'abord à la prière collective, avant de prendre la pose devant les squelettes de la cité fantôme sur fond de musique dramatisante. Sourire aux lèvres, costume gris clair et cou relevé sur un col de chemise ouvert, il réitère son traditionnel message : « Nous sommes déterminés à reprendre chaque pouce de la Syrie des mains des terroristes. » Puis, avec la même cadence martiale, il s'adresse aux « vendus » et aux « traîtres », victimes d'un « complot étranger ». « Nous sommes là, martèle-t-il, pour reprendre cette liberté factice qu'ils ont voulu instaurer au début de la révolution et pour restaurer la vraie liberté. » En quatre ans, son discours n'a pas changé d'un iota. Un fil narratif cousu des mêmes termes préfabriqués : « sécurité », « reconstruction », « prestige national »…

Ainsi gît le nom « Daraya ». Seul face à la nuit. Écrasé sous les bottes de la propagande. Sur le cadavre de la ville, et de ses centaines de martyrs, un récit en chasse un autre. Vengeur. Belliqueux. Dépourvu de nuances. D'un air triomphant, Bachar al-Assad parle du pilonnage de Daraya comme d'une mesure antiterroriste. D'un exercice d'autodéfense. Son évacuation forcée n'était pas un remodelage du territoire syrien, mais une nécessité vitale, insiste-t-il. Il est temps que la Syrie restaure son prestige d'antan. Qu'elle retrouve sa souveraineté. Que l'État assoie son autorité. Que le peuple rentre dans le rang. Une question de vie ou de mort. Au nom de l'indépendance du pays. D'un blason à redorer. De la fameuse solution à deux options : « Moi ou le chaos. »

Tandis qu'un nouveau vocabulaire s'empare de Daraya, les premières nouvelles de la bibliothèque commencent à filtrer de l'enclave reconquise. Malgré les craintes d'Ahmad, les livres n'ont pas terminé au bûcher. Mais c'est peut-être pire : après avoir déniché l'agora secrète, les soldats du régime l'ont pillée pour revendre à bas prix les ouvrages sur le trottoir d'un marché aux puces de Damas. La culture au rabais. Quatre ans de sauvetage du patrimoine de Daraya troqués contre quelques pièces de monnaie.

– J'ai eu vent de la nouvelle par des amis de Damas. Ils ont aussitôt reconnu les livres au nom de leurs propriétaires, que nous avions inscrits sur la première page de chaque volume, me confie Ahmad depuis son nouveau domicile d'Idlib.

Il m'envoie un cliché du sous-sol dévasté. L'image a été prise par l'un des rares reporters ayant eu accès à Daraya, sous escorte rapprochée du régime. Je reconnais l'espace clos, ses rayons parfaitement alignés, ses étagères en bois le long des murs. Elles sont à moitié vides. Les derniers livres ont été jetés en bataille, abandonnés à la poussière et à la pénombre. Arrachés des meubles, des tiroirs jonchent le sol, mélangés à quelques autres ouvrages éparpillés par terre. Au fond de l'image, un soldat en treillis piétine des épaves de papier. Il tourne le dos à l'objectif, sans doute pour ne pas être identifié. Sa silhouette intrusive me renvoie à la première image de Daraya. La photo de « Humans of Syria ». Quel contraste avec la quiétude d'alors. Avec l'espoir véhiculé par les passeurs de livres. Le rêve d'un monde meilleur. L'avenir en pointillé qui s'évadait des interlignes.

Je sonde Ahmad :

– C'est donc fini ?

Sa réplique est instantanée :

– Bien sûr que non ! On peut détruire une ville. Pas des idées !

Il enchaîne :

– À Daraya, le régime s'est évertué à effacer toute trace positive et intellectuelle de la révolution. Pour Assad, un homme cultivé et éduqué est un homme dangereux, parce qu'il représente un défi à l'ordre établi. Mais j'ai l'impression de ressortir grandi de cette tragédie. Jamais je ne me suis senti aussi libre, porteur d'une mémoire que personne ne pourra m'arracher.

Ahmad prend une grande inspiration, noyé dans ses pensées. Il n'a pas fini. Pas encore. Lui qui boudait les livres il y a encore cinq ans veut me citer en exemple un fait historique dont il a pris connaissance lors des nombreuses lectures qui ont accompagné l'épreuve du blocus : la destruction de la grande bibliothèque de Bagdad. L'incident remonte à l'invasion mongole. À cette époque, bien lointaine, des quantités d'ouvrages traitant de médecine ou encore d'astronomie furent saccagés par les nouveaux conquérants qui les jetèrent au fond du Tigre.

– Mais on raconte que les eaux avaient tellement bu d'encre qu'elles en changèrent de couleur, poursuit-il.

Même détruits, les livres avaient déteint sur le fleuve, pigmentant de leur encre indélébile l'eau de la ville. Une métaphore symbolique. Celle de la résistance des mots, même quand ils sont condamnés à l'oubli.

Son récit me replonge dans une autre histoire, plus contemporaine, que je lui fais à mon tour partager. Celle de la Bebelplatz de Berlin. C'était le 10 mai 1933. En une nuit, le gouvernement d'Hitler y fit brûler des milliers d'ouvrages dissidents saisis par les troupes nazies. Parmi les victimes de papier figuraient les écrits jugés subversifs de Stefan Zweig, de Karl Marx, de Bertolt Brecht, ou encore de Sigmund Freud. Cette nuit-là, Goebbels, le ministre de la Propagande, prononça un discours sur la création d'un nouveau monde. Un monde dans lequel les livres hostiles au régime n'avaient plus le droit d'exister.

En 1995, des années plus tard, le sculpteur israélien Micha Ullman, dont les parents avaient fui la capitale allemande, est revenu sur cette place. Il y a creusé sous les dalles une bibliothèque fantôme en mémoire de l'autodafé. Lové sous une plaque de verre, enfoui dans le sol, l'espace est volontairement vide. Impossible d'y descendre, ni d'y accéder. Il faut se pencher pour contempler ces cinquante mètres carrés souterrains parcourus d'étagères blanches et dégarnies. Aujourd'hui, l'emplacement est connu sous le nom de *Versunkene Bibliothek* : la Bibliothèque engloutie.

Daraya, comme Berlin, aura-t-elle un jour sa Bebelplatz ? Demain, après-demain, dans un demi-siècle, quel souvenir restera-t-il de cette grotte de papier ? La cité rebelle, autrefois célèbre pour son savoureux raisin blanc, sera-t-elle, comme le dit la rumeur, transformée en base militaire après le rasage de ses nombreuses maisons dévastées ? En quatre ans d'encerclement forcé, Bachar al-Assad s'est acharné à défigurer la ville. À brûler ses champs. À rendre illisible son paysage. À vider les phrases de leurs dernières syllabes. Mais je me dis que, quoi qu'il advienne, ces jeunes héros syriens ont une histoire impérissable à partager. Face aux destructions infligées par les bombes, ils n'ont pas seulement sauvé des livres. Ils ont bâti des mots. Érigé des syntaxes. Jour et nuit, ils n'ont jamais cessé de croire en la vertu de la parole. À son invincibilité. Ils ont rompu le silence, relancé le récit. Construit un langage de paix. Avec leurs ouvrages, leurs slogans, leurs revues, leurs graffitis et leurs créations littéraires, ils ont résisté jusqu'au bout à la métrique militaire, inventé une autre cadence que celle des coups de canon. La laideur de la guerre surpassée par le verbe. Un mémorial de mots, sans domicile fixe, pour la génération d'après.

Épilogue

Istanbul, 26 août 2017.

Je fais souvent le même rêve, à la fois doux et singulier. C'est l'heure du conte. Avec Samarra, nous sautillons à travers les ruelles pavées d'Istanbul. La place Taksim et son vendeur de simits nous regardent passer. Au-dessus de nos têtes, les mouettes s'envolent en direction de l'été. À l'entrée de l'avenue Istiklal, la porte principale de l'Institut français est désormais condamnée. Pour pénétrer dans la bâtisse, il faut passer par un sas de sécurité, situé dans une rue adjacente. Au fond du jardin central, l'accès à la médiathèque n'a pas changé. Sur la rampe de l'escalier qui descend dans l'arène aux livres, quelqu'un a collé des mandalas, accompagnés du mot « espoir ».

En bas des marches, Julie la conteuse nous attend, l'index plaqué sur les lèvres. « Surprise ! » s'exclame-t-elle. Nous entrons. En face du banc réservé aux enfants, trois adultes ont pris place. Je reconnais immédiatement les silhouettes d'Ahmad, de Shadi et d'Hussam. « Nous sommes venus vous raconter l'extraordinaire histoire d'une bibliothèque secrète », soufflent-ils à leur jeune public, aussitôt conquis. À la fin du récit, les petits spectateurs reçoivent en cadeau des livres remplis de pages vierges. Libre à chacun d'y écrire ou d'y dessiner l'histoire de Daraya telle qu'il l'a ressentie.

Dans mon rêve, les contours des visages de mes interlocuteurs syriens sont d'une extrême précision. Jamais, lors de nos innombrables conversations virtuelles de ces dernières années, je n'ai aussi bien distingué le grain de leur peau, la finesse de leurs traits, la couleur de leurs yeux. Chaque détail y est. La voix. Le geste. La forme de leurs grimaces.

C'est parce que mon rêve n'est plus ce songe lointain, inspiré d'échanges furtifs entre deux explosions. Mon rêve est une prolongation du réel. De nos retrouvailles inespérées sur le territoire turc. De tous ces récents tête-à-tête devenus le socle d'une solide amitié.

Une année s'est écoulée depuis leur départ précipité de Daraya. Une année à tenter de prendre leur distance sur l'absurdité du vécu. À regarder la vie en face et le monde autrement que sur l'écran d'un smartphone. À voyager, aussi. Les uns après les autres, ils ont lentement brisé la coquille, poussant pour certains la route au-delà de la frontière syrienne.

Shadi est le premier à avoir posé le pied de l'autre côté. En octobre 2016, il est arrivé à Reyhanli, dans la province de Hatay, dans le Sud-Est de la Turquie. Les autorités d'Ankara, qui accueillent sur leur territoire plus de deux millions et demi d'exilés syriens, lui avaient délivré un laissez-passer pour venir se faire opérer de la main. Après sa première consultation, il m'avait donné rendez-vous dans un café de la petite bourgade turque, transformée en plate-forme des réfugiés. En arrivant, j'ai aussitôt identifié Shadi au bandage qui lui serrait le bras gauche. Il avait un blouson en cuir, des cheveux courts légèrement gominés. C'était une sensation étrange que de se voir « en vrai », même si nous avions l'impression de nous être quittés la veille. Le serveur, un Syrien d'Alep, nous a guidés vers une petite table, en y posant deux verres de thé. Puis de sa main droite, celle qui avait tenu bon, Shadi a ouvert une sacoche qu'il portait en bandoulière. L'un des rares effets qu'il avait rapportés de Daraya. Il en a extrait un objet qu'il a posé sur la table : son appareil photo. Celui qui lui avait sauvé la vie. Je n'ai rien dit. J'ai regardé l'objectif carbonisé comme on observe un rescapé. D'un geste lent, il a balayé la poussière qui recouvrait encore le boîtier.

– Comment ça va ?

C'était comme s'il n'avait pas entendu ma question.

– Daraya était un symbole, a dit Shadi. Cet appareil en a été le témoin. Malheureusement, le monde entier nous a lâchés…

À la table du café, il portait encore la douleur de sa ville, son visage marqué par l'épuisement. Je lui ai demandé s'il avait vu le clip vidéo de Bachar al-Assad.

– Que du spectacle ! a-t-il lancé.

Il s'est de nouveau penché sur sa sacoche. Elle était remplie de disques durs : tous ces clichés et vidéos sauvegardés en quatre ans de siège.

– De Daraya, ce sont ces images-là que je veux conserver en mémoire, a-t-il insisté. Celles d'un groupe uni, soudé. D'une envie commune de construire l'avenir. De défendre de nouvelles idées. Nous ne faisions qu'un. Une ambiance de solidarité, de camaraderie. Une expérience unique qui aurait pu servir de modèle à d'autres villes. Daraya, ce n'est pas seulement un lieu, c'est un esprit.

Shadi était perdu dans ses souvenirs, le regard teinté de nostalgie. Il parlait de Daraya comme d'une aventure. S'il fallait recommencer, a-t-il poursuivi, il n'hésiterait pas un instant :

– Aujourd'hui, Bachar al-Assad cherche à faire de nous des vaincus. Pour moi, c'est déjà une grande victoire que d'avoir réussi à tenir quatre années durant un siège aussi impitoyable.

Derrière nous, une cliente a poussé la porte du petit café, qui faisait office de pâtisserie. Les bras chargés de cadeaux, elle hésitait à haute voix entre un gâteau en forme de « Reine des Neiges » ou de « Cendrillon » pour l'anniversaire de sa fille. Shadi a souri.

– Le plus dur, a-t-il repris, c'est l'après. Il faut maintenant réapprendre à vivre normalement, à regarder les avions sans frémir, à s'endormir avec le silence. Soudain, tout redevient immuable, promis à une éternité. Tout a changé : les notions de temps, d'espace. Une vie organisée, sans peur, sans menace. Une simplicité déroutante.

Quelques semaines plus tard, j'ai rappelé Shadi pour prendre de ses nouvelles : l'intervention chirurgicale s'était bien passée. Ses doigts avaient retrouvé un début de motricité et le médecin lui avait prescrit des séances de physiothérapie. Pour sa convalescence, il a ensuite temporairement déménagé à Istanbul, où ses parents avaient migré il y a quelques années. Sa mère le gave de poisson et son père le dissuade de repartir en Syrie. Shadi reste persuadé que sa place est là-bas. Pour l'heure, il s'est inscrit à des cours de turc et envisage de reprendre ses études. Une fois par mois, nous nous retrouvons autour d'un café, et nous faisons du *shelli* en souvenir de Daraya.

J'ai enfin fait la connaissance d'Ustez. Après maintes tentatives de dialogue virtuel ratées lors du blocus de Daraya, nous nous sommes rencontrés à Istanbul en janvier 2017. Il était venu se ressourcer quelque temps en Turquie. Assis dans ce restaurant de la place Taksim, Muhammad Shihadeh était exactement comme je me l'imaginais : calme, posé, généreux de son temps et de sa parole. Trois heures durant, il est revenu sur l'origine de l'engagement civique de Daraya. Sur cette expérience unique qui remontait aux années 90, et dont il avait été l'un des moteurs. Sur ses livres préférés. Sur les poèmes de Mahmoud Darwich et les recueils de *self-help* qu'il affectionnait tant. À l'écouter, j'ai encore mieux saisi l'influence positive qu'il avait eue sur les jeunes de Daraya. Quand je lui ai confié à quel point ils lui étaient redevables, il a rougi :

– Oh, ce sont eux qui m'ont beaucoup appris. Je suis quelqu'un de très sérieux. Ils étaient bien plus drôles que moi. Quand j'étais avec eux, j'oubliais mes tracas.

Mais les traumatismes du siège sont aujourd'hui chassés par d'autres soucis, paradoxalement plus difficiles à surmonter : comment penser l'avenir ? Comment appréhender les divisions qui déchirent la Syrie ? Comment ne pas sombrer dans le pessimisme quand le sort des révolutionnaires de 2011 leur échappe de plus en plus ?

– Malgré la difficulté du siège, nous vivions avec cet espoir obstiné de quelque chose de mieux. Soudain, une nouvelle réalité s'impose, remplie d'incertitude.

Et puis, Ustez a dit ces mots que je n'ai jamais oubliés :

– Le siège nous a paradoxalement protégés de toute tentative de radicalisation. Il a permis de maintenir vivant l'esprit de Daraya. Pendant quatre ans, nous sommes restés entre nous. Cela n'a pas tout le temps été facile, mais nous avons toujours réglé nos différends par le dialogue. Il n'y a pas eu d'invasion externe. Pas de tentative de manipulation. Pas d'intrusion étrangère. Une expérience à part.

C'est loin d'être le cas d'autres régions de Syrie, où puissances étrangères et régionales ont défendu leurs factions, leurs intérêts, leurs lopins de terre. Au gré des alliances à géométrie variable, des groupes se sont formés, déformés, transformés, radicalisés. Aujourd'hui, le pays est au bord de la partition. Tandis que Daech est en train de perdre les dernières portions de territoire qu'il contrôle, que la minorité kurde cherche à sanctuariser son enclave, Bachar al-Assad s'évertue à reconquérir un à un les derniers bastions rebelles modérés avec le soutien de ses alliés russes et iraniens. Après Daraya, il y a eu Alep-Est, puis Al-Waer, ou encore Barzé. La région d'Idlib, où ont été évacués des milliers de civils et de combattants de l'Armée syrienne libre, forcés à la reddition, est devenue le terminus de la révolte anti-Assad, aujourd'hui menacé par l'hégémonie croissante des djihadistes d'Al Nosra.

Malgré l'incertitude qui pèse sur l'avenir de son pays, Ustez est reparti dans le Nord de la Syrie au printemps 2017. Au mois de mai, une bonne nouvelle a égayé son retour. Sa femme et ses enfants, réfugiés à Damas depuis la fermeture de la dernière brèche de Daraya, début 2016, ont pu le rejoindre dans la province d'Idlib. Et pour la première fois, il a embrassé le dernier de ses trois enfants, né pendant le siège.

Hussam se porte bien, fidèle à son optimisme. Fin 2016, il a franchi clandestinement la frontière à l'aide d'un passeur pour s'installer à Gaziantep, dans le Sud-Est de la Turquie. À peine arrivé, il a abandonné son pseudonyme pour retrouver son prénom d'origine, Jihad. Au Levant, c'est un nom commun, sans affiliation religieuse particulière. En janvier 2017, il m'a contacté d'Istanbul : il était arrivé la veille pour rendre visite à Zeina et rencontrer sa future belle-famille. Jihad logeait dans un petit hôtel d'Istiklal, la légendaire avenue piétonne qui héberge l'Institut français. Je l'ai rejoint dans un café, à quelques mètres du trottoir ciblé l'an passé par un kamikaze. Je n'ai rien dit. Je ne voulais pas gâcher son enthousiasme. Jihad s'émerveillait de tout. Les monuments parfaitement alignés. La qualité des transports en commun. L'électricité qui fonctionnait à la perfection. En une journée, il avait déjà repéré les meilleures adresses de la ville. Il avait mangé une pizza à Eataly, fait la tournée des bouquinistes, s'était ruiné dans l'achat d'une dizaine d'ouvrages, dont *Orgueil et préjugés* de Jane Austen, sur l'institution du mariage dans l'Angleterre du début du XIXe siècle. Sa nouvelle passion pour les livres, née pendant le blocus, l'avait conduit jusqu'à l'historique bibliothèque turque Beyazit, dernièrement rénovée. Il avait même trouvé le temps de pousser la porte de la librairie Pages, le repère des jeunes intellectuels et artistes syriens au cœur du quartier de Fatih, « le petit Damas » d'Istanbul. Après deux expressos bien serrés dans ce café d'Istiklal, Jihad s'est levé. Il lui fallait aller régler quelques « soucis » administratifs. Je l'ai accompagné. De rendez-vous en tours de passe-passe et billets glissés sous le manteau, j'ai reconnu le « Hussam » débrouillard et téméraire de Daraya. Au bout de quelques heures, son visa était déjà prolongé, assorti d'une garantie de carte de séjour. Puis nous avons pris un taxi pour le consulat syrien, perché dans un quartier chic d'Istanbul, où il devait renouveler son passeport. Jihad était anxieux. Hanté par cette crainte farouche d'être fiché par le régime. Un cousin habitant Damas lui avait donné le nom d'un fonctionnaire à chuchoter dans l'oreille d'un employé de la chancellerie. À peine traversé le porche, Jihad fut reçu par une chaleureuse accolade et avec la promesse de nouveaux papiers dans moins d'un mois. Les vertus du *wasta*, le piston à l'orientale, même entre les pires ennemis.

— Après tout ce qu'on a vécu, plus rien ne m'étonne et plus rien ne me fait peur, a rigolé Jihad en sortant du rendez-vous.

Le soir même, il reprenait déjà le bus de nuit pour Gaziantep, où il passait dès le lendemain des examens dans l'espoir d'intégrer une ONG. Sa résilience a été récompensée. Malgré la fatigue du voyage, et les kilos d'informations techniques à ingurgiter en si peu de temps, le test s'était bien passé. Sa nouvelle vie pouvait commencer. Mais sans Zeina. Quelques semaines plus tard, Jihad a discrètement rompu ses fiançailles avec sa promise. L'envie, sans doute, de se reconstruire avant de fonder une famille. Malgré la plus grande volonté du monde, un siège de quatre ans ne se digère pas en quelques mois.

Le souvenir d'Omar, alias Ibn Khaldoun, est toujours vivace. Par la pensée. Dans les conversations. Dans les vidéos et les photos que ses camarades ont gardées de lui. Au lendemain de l'évacuation de la ville, à la fin août 2016, le comité de négociation est parvenu à récupérer sa sépulture dans le cadre d'un échange de dépouilles entre l'Armée syrienne libre et la Quatrième Division. Omar a finalement été enterré auprès des siens, dans le cimetière des martyrs de Daraya. Un trou dans la poussière, un nom gravé sur la stèle, et quelques fleurs en guise de dernier hommage. Là-bas, sur cette terre pour laquelle il s'est battu, dans ce petit bastion de l'insurrection aux portes de Damas, le dormeur du val syrien dort d'un sommeil éternel. Il dort dans le soleil, la main sur sa poitrine. Tranquille. Les pieds dans les glaïeuls. Le corps enveloppé dans un linceul de ruines.

Avec Abou el-Ezz, le codirecteur de la bibliothèque, et Abou Malek, le Banksy de la bande, Ahmad a choisi de rester à Idlib, son nouveau chez lui par défaut. Avec d'ex-camarades de siège, il partage une maisonnette dans un village frontalier de la Turquie. Il lit beaucoup, apporte son aide aux populations déplacées et se ressource en se baladant à travers les champs d'oliviers tout en écoutant comme un refrain la musique d'*Amélie Poulain*. C'est pourtant loin d'être un refuge. Fin 2016, comme un cauchemar qui se répète à l'infini, Ahmad a revécu par procuration la fin du siège du bastion rebelle d'Alep-Est en voyant affluer des milliers de personnes évacuées, le regard hagard et les rêves brisés, après avoir subi le même déluge de bombes. En avril 2017, l'attaque chimique de Khan Cheikhoun, dans la province d'Idlib, a également rouvert les plaies de Daraya.

– J'étais tétanisé en apprenant la nouvelle. C'est comme si quelqu'un avait appuyé sur la touche « Replay ». Je revivais en direct ce que nous avions subi en 2013, confie Ahmad.

Quelques jours plus tard, le nouveau président américain, Donald Trump, ripostait en faisant frapper des positions du régime syrien. Depuis, la reprise des pourparlers d'Astana a mis un terme aux bombardements aériens russo-syriens. Selon un accord encore flou signé en mai 2017, Moscou, Téhéran et Ankara ont fait le pari de faire d'Idlib une des quatre nouvelles zones dites de désescalade pour y instaurer une trêve durable entre pro- et anti-Assad.

Au soulagement convoyé par ce semblant de trêve se greffe désormais l'angoisse des lendemains incertains. D'abord accueillis en héros, les activistes de Daraya commencent à déchanter :

– On voulait incarner une troisième voie, montrer qu'une alternative au régime et à Daech était possible.

Mais, dans le Nord-Ouest, l'ambiance est différente et la situation plus complexe :

– À Daraya, on discutait entre militants et combattants. Ici, les factions militaires veulent contrôler toutes les initiatives d'ordre civique.

S'il existe encore une opposition armée vivante et modérée, les groupes les plus radicaux, comme les djihadistes de l'ex-Front al-Nosra, imposent de plus en plus leur loi. Ils arrachent le drapeau de l'opposition. Font pousser des graffitis religieux. Répriment les manifestations. Interdisent la voix des femmes à l'antenne des radios. À la mi-juillet 2017, ils ont pris le contrôle d'une trentaine de localités d'Idlib, dont le chef lieu du même nom.

Ces pressions n'ont fait qu'éloigner encore plus Ahmad de la religion. Il a rasé sa petite barbe, s'oppose à l'idée du voile obligatoire pour les Syriennes et dénonce l'hypocrisie des extrémistes.

– Ces gens-là ne représentent pas l'islam. L'autre jour, un gars proche d'Al-Nosra m'a demandé de l'aider à réparer son portable. La profession de foi de l'islam y était affichée en plein écran. Mais ses dossiers étaient remplis de films pornographiques...

En fait, la région d'Idlib est un grand *karkabeh*, concède-t-il. Il n'y a plus de but précis, d'objectif délimité. Des dizaines de factions se livrent une rude concurrence, tandis qu'Al Nosra consolide son emprise sur la province. Il y a aussi la peur, omniprésente, que le régime vienne y faire son dernier nettoyage. Que ce dernier bastion de la rébellion soit le théâtre de l'ultime bataille contre les insurgés.

Ahmad veut pourtant garder espoir. Convaincu qu'à la longue nuit du peuple syrien succédera une renaissance. Sous quelle forme ? Il l'ignore. En attendant, il déborde de projets. Fidèle à sa passion des livres, il vient d'inaugurer une bibliothèque ambulante pour les enfants et les femmes d'Idlib. Et les soirs de doute et d'incertitude, il repense à l'unique expérience de Daraya.

Il y a quelques jours, Ahmad a exhumé une vidéo des archives de son smartphone. Le 27 août 2016, deux heures avant de quitter l'enclave assiégée, il avait traversé seul les ruines de sa ville en filmant ses pas le long des « nombreuses maisons » aux allures de chantiers dévastés. L'image s'achève sur la façade égratignée de la bibliothèque :

– Quand je pense à Daraya, c'est cette image-là qui est imprimée dans ma mémoire. Dans ma tête, je la regarde défiler en noir et blanc, au rythme de la voix de Mahmoud Darwich qui récite « État de siège ».

Une image immuable, son dernier souvenir de cet incroyable rêve de papier.

Remerciements

Je n'ai pu tenir ma promesse qu'à moitié : ce livre a enfin vu le jour, mais il ne rejoindra pas, comme espéré, les étagères de la bibliothèque de Daraya, reprise par le régime.

Ces pages appartiennent désormais à Ahmad, Shadi, Jihad, alias « Hussam », Abou Malek et à leurs fidèles compagnons de siège. Elles sont la marque de leur engagement pacifique, de ce désir pérenne de vie et de démocratie qu'ils ont défendu jusqu'au bout.

Je tiens à leur exprimer mon infinie reconnaissance pour leur confiance et leur disponibilité quand, au creux de la guerre, ils n'ont jamais cessé de vouloir témoigner.

Je souhaite également adresser de sincères remerciements à Muhammad Shihadeh, l'irremplaçable Ustez, pour sa générosité d'esprit pendant nos longues heures de discussion lors de son passage à Istanbul. Nos échanges m'ont permis de préciser certains faits et d'appréhender la singularité de Daraya avec une meilleure acuité.

Pendant la genèse de cet ouvrage, j'ai pu compter sur le professionnalisme et l'enthousiasme de deux jeunes interprètes syriennes hors pair, Sarah Dadouch et Asmaa al Omar. Patientes, toujours à l'écoute, elles ont fait preuve d'une attention et d'une rigueur exceptionnelles, même lorsqu'il s'agissait, en pleine nuit ou au petit matin, de relayer les messages en provenance de Daraya. L'amour de leur pays et leur passion du journalisme en font de futurs reporters d'exception.

Le récit de Daraya n'aurait pas trouvé sa forme actuelle sans les encouragements de la romancière Luisa Etskenike, lorsque hantée par l'éternelle question : « Comment rendre visible l'invisible ? », je doutais de la forme à donner à ce texte. Je lui adresse mon immense gratitude.

Fidèle première lectrice de mes ouvrages, mon amie cinéaste Katia Jarjoura a su, une fois de plus, apporter un regard critique et objectif à ce livre. Je lui en suis extrêmement reconnaissante.

Je suis également particulièrement redevable envers Hala Moughanie pour sa relecture attentive et détaillée. Sa disponibilité et ses remarques avisées m'ont été d'une précieuse aide.

Je souhaite aussi remercier chaleureusement mon amie chercheuse Carole André-Dessornes pour ses conseils et son soutien bienveillant.

Ce livre s'achève avec une pensée particulière pour Omar, le jeune combattant-lecteur parti trop vite, et à ses rêves assassinés. Que son souvenir permette à sa famille et ses amis de trouver la force nécessaire pour poursuivre leur quête de liberté.

RÉALISATION : NORD COMPO À VILLENEUVE-D'ASCQ
IMPRESSION : CPI FRANCE
DÉPÔT LÉGAL : OCTOBRE 2018. N° 138738 (3029620)
IMPRIMÉ EN FRANCE